중국어 학습자를 위한

중국어학기초

중국어 학습자를 위한

중국어학 기초

이 국 희 著

새문사

차례

Part 2 문자

Part 3 어법

부록

일러두기

1	2	3	4
「읽어두기」에 중국어학 관련 기본사항을 요약하였다	Part 1(음운)의 「발음연습」 부분에 성조, 잰말놀이, 동요, 동작 등을 예시하였다	Part 2(문자)의 한자 관련 지식은 현시점에 맞도록 도표로 요연하게 정리하였다	Part 3(어법)에는 어법지식이 실제 언어구사와 HSK(어법)에 도움이 되도록 하였다

5	6	7	8
문장부호(기호)로 " " ' ' 『 』「 」… ~ 및 < ≤ ≒ ≠ 등을 운용하였다	도표에 들어가는 한자와 한자음의 표기는 여백에 따라 변화를 주었다 예 반절, 反切, 반절(反切)	예시한 어휘에는 원칙적으로 간체자에 한글발음 · 한어병음을 병기하였다 예 오우얼 偶尔 ǒu'ěr	이 책의 「차례」에 나오는 각 분야별 사항들이 상세하여 「찾아보기」를 따로 두지 않았다

머리말

'중국어학'과 '중국어'는 뗄래야 뗄 수 없는 관계이다. 그러나 중국어학 자체 또는 그 일부를 중국어와 같은 개념으로 이해하는 것은 합당치 않다. 중국어학 관련 지식은 많이 쌓았지만 실용성과는 거리가 멀다보니 자신감 상실과 그에 따른 학습의 포기로 이어지는 경우가 허다하다. 그 이유는 중국어학의 제 분야를 살펴보면 알 수 있다.

중국어학의 여러 분야

음성학	음운론	의미론	문법론	문자론	방언론	어휘론
어떻게 학습하고 운용할 것인가?						

이러한 분야들이 중국어학을 구성하는 기본 토대임에는 분명하지만 그 중 한쪽에 치우치게 될 경우 적절한 자기표현이나 의사소통에는 오히려 방해가 될 수 있다. 그렇게 되면 시간을 많이 들여도 그에 준하는 성과를 거둘 수 없다. 이러한 문제를 해결하기 위해 그 동안 많은 교수법이 개발 되어 학습 현장에 적용되고 있다.

다양한 외국어 교수법*

어법 · 번역법	직접법	청화법	시청법	인지법
Grammar Translation Method	Direct Method	Audiolingual Method	Audio-visual Method	Cognitive Approach

교제법	전신반응법	단체언어학습법	암시법	침묵법
Communicative Approach	Total Physical Response Method	Community Language Learning	Suggestopedia	Silent Way

이러한 방법들을 모색하고 현실화하는 작업은 이미 상당한 성과를 거두고 있고 앞으로도 지속될 것이다. 그러나 무엇보다 어학분야의 지식을 바로 자기표현과 의사소통에 적용시킨다는 방향설정이 앞서야 한다. 이 책은 이러한 목적에 직간접적으로 도움이 되는 음운 · 문자 · 어법 세 분야를 우선순위에 따라 선별적으로 소개하고자 저술되었다.

2009년 2월

저자

---

* 陈昌来 主编, 『对外汉语教学概论』, 上海 : 复旦大学出版社, 2005.4. 53~66쪽 참조.

읽어두기

중국어에 대한 이해를 돕기 위한 기본 사항을 요약하면 다음과 같다.

중국어의 명칭

汉语 Hànyǔ	普通话 Pǔtōnghuà	国语 Guóyǔ	官话 Guānhuà
1949년 이후 중국어 한어(汉语) 한족이 사용하고 있는 언어 한족(汉族)의 언어	백화+민족공통어 [白话文学运动] [国语运动] 보편적이고 통용되는 말(보편+공통)	'보통화' 이전의 명칭, 현재 [대만]	관청의 공식 언어, 만청(满清)의 관리 '满大人'(Mandarin) 이 쓰는 말

중화민족 = **한족** + <u>소수민족</u> 등
↲

조선족 위구르족 몽고족 장족(티베트) 러시아계 민족 등 55개 민족

현대 한인들이 사용하는 말 + α = 현대중국어(现代汉语)[1]

1) 현대중국어

협의의 현대중국어	광의의 현대중국어
현대 한족(汉族)의 공통어	현대 한인(汉人)이 사용하는 언어
보통화	보통화+방언

현대중국어의 정의

현대 한족의 공통어이다 [보통화][2]		
음운	어휘	어법
북경어음을 표준음으로 삼는다	북방어를 기초방언으로 삼는다	모범적인 현대백화문 저작을 어법 규범으로 삼는다
현대중국어 규범화의 표준[3]		

현대중국어의 형성

白话文学이 출현하면서 발전 古白话(早期白话)[4]	官话가 각 방언지역으로 점차 확산
宋元 이후의 북방어의 기초 위에서 형성[5]	

현대중국어는 1919년 5・4운동 이후의 한족의 언어를 가리키는 용어이다. 현대중국어에 보통화는 단 하나가 있으나 방언은 언어적 특징과 지리적 분포에 따라 북방방언과 남방방언으로 양분된다. 방언은 인구 90% 이상이 사용하는 한족의 지방 언어를 뜻한다. 한족을 제외한 55개 민족이 사용하는 언어는 방언에 포함되지 않는다.

2) 1955년 10월 「全国文字改革会议」와 「汉语学术规范问题学术会议」를 거쳐 정식 공표되고 한족의 공통어로 규정되었다. 보통화는 북경 어음을 표준음으로 삼고 북방어를 기초 방언으로 삼으며 전형적인 현대 백화문 저작을 어법 규범으로 하는 현대 한족의 공통어라고 규정되어 있다.

3) 1955년 10월 「全国文字改革会议」와 「汉语学术规范问题学术会议」에서 민족공통어에 대한 정의에 근거한 한어규범화의 표준을 말한다.

4) 당송의 어록(语录), 송대의 평화(平话), 원명청의 희곡・소설 등을 가리킨다.

5) 중국어의 발전 과정

상고중국어	중고중국어	근대중국어	현대중국어
3세기 이전	4세기~12세기	13세기~19세기	20세기 5・4운동 이후

현대중국어의 7대 방언

북방방언 官话方言 Guānhuà	오방언 吴方言 Wú	상방언 湘方言 Xiāng	감방언 赣方言 Gàn	객가방언 客家方言 Kèjiā	민방언 闽方言 Mǐn	월방언 粤方言 Yuè
73%이상	7.2%	3.2%	3.3%	3.6%	5.7%	4.0%
华北方言 西北方言 西南方言 江淮方言	江浙话 등	长沙话 등	南昌话 등	梅县话 등	闽南方言 闽东方言 闽北方言	广州话 등

현대 한인들의 의사소통 수단

북방방언	남방방언[6]
北方官话[7] 江淮官话 西南官话	吴语 湘语 赣语 粤语 闽语 客家语

+

대만과 마카오의 현대중국어
구 소련 경내의 회족(回族)의 회어(回语)
싱가폴 방언과 미국 방언 등

현대중국어의 새로운 방언

+

서투른 표준말	준방언(准方言)	중개어(中介语)	초방언(超方言)

6) 남방방언

중부방언	남부방언
오방언 상방언 감방언	객가방언 민방언 월방언

7) 표준어 북방관화

1	2	3	4	5
입성운미(p.t.k)가 소실되어 다른 성조로 바뀌었다	-m 운미도 소실되었다	유성자음(탁성모)이 소실되었다	운모가 단순화되고 경성이 발달하였다	아화음(儿化音)과 권설음(卷舌音)이 강하게 나타난다

Part 1
음 운

음운학은 중국어 어음의 특징에 근거하여 하나하나의 음절(한 글자의 음)을 어음의 기본 단위로 본다.[1] 음절에서 출발하여 한 음절을 성(声) · 운(韵) · 조(调) 세 가지로 나눈 다음에 각기 분석하고 연구한다. 음운학은 바로 성운(조)학이다.

어 음[2]

음소 (32개)	음절 (400여 개)

음 소

음절을 분석하여 가장 작은 어음단위	
원음(元音)	보음(辅音)

1) 언어의 '四纲'

문자	어음[声韵]	어의[训诂]	어법

2) 어음의 단위

음절(音节)	음소(音素)	음위(音位)
사람이 청각으로 쉽게 구별할 수 있는 어음단위(일반적으로 하나의 한자가 한 음절이다)	한 음절에서 뜻을 구별할 수 있는 최소의 어음단위	한 언어에서 뜻을 구별할 수 있는 최소의 어음단위

a, o, e, ê, i, u, ü, -i[ɿ], -i[ʅ], er (10개) [모음]	b, p, m, f, d, t, n, l, g, k, h, j, q, x, zh, ch, sh, r, z, c, s, ng (22개) [자음]
기류가 폐에서 나와 발음기관의 장애 없이 나는 소리	기류가 폐에서 나와 발음기관의 장애를 받아 나는 소리

음 절

사람이 청각으로 쉽게 구별할 수 있는 어음단위		
성(声) 성모	운(韵) 운모	조(调) 성조
음절의 시작 부분 [전음] 22개	음절의 끝나는 부분 [후음] 36개	음절 전체를 일관하는 부분
음절의 구조 : [보음]+[개음]+원음+[보음]		
보통화 음절의 총수 : 1201가지		

성 모

성모표				
b	p	m	f	
d	t	n		l
g	k	h		
j	q		x	
zh	ch		sh	r
z	c		s	

성은 바로 성모(声母)인데 뉴(纽)라고도 부른다. 어음 계통의 성모를 대표하는 자를 자모(字母)라고 부른다. 성모는 발음 부위에 따라 나뉘는데 순(唇)・설(舌)・아(牙)・치(齿)・후(喉) 등 '오음'(五音)으로 나뉘거나 반설(半舌)・반치(半齿)를 더하여 '칠음'(七音)으로 나뉜다.

오음과 칠음

칠 음						
오 음						
순음 唇音	설음 舌音	아음 牙音	치음 齿音	후음 喉音	반설 半舌	반치 半齿
重唇·轻唇	舌头·舌上	舌根	齿头 · 正齿			
p b m/f v	d t n/zh ch sh	g k ng	z c s/zh ch sh j q x	h x o	-i(ɿ) -i(ʅ)	'日'자의 성모

성모의 발음 부위에 따른 분류

쌍순음 双唇音	순치음 唇齿音	설치음 舌齿音	설첨음 舌尖音	설첨후음 舌尖后音	설면음 舌面音	설근음 舌根音
b p m	f	z c s	d t n l	zh ch r	j q x	g k h

성모의 발음 방법에 따른 분류

색음 塞音	비음 鼻音	찰음 擦音	변음 边音	색찰음 塞擦音
폐쇄음	비음	마찰음	유음(流音)	파찰음
b p d t g k	n ng	f s sh r x h	l	z c zh ch j q

청음(清音)	탁음(浊音)
안울림소리	울림소리
무성음, 소리를 낼 때 성대를 울리지 않고 내는 소리	유성음, 소리를 낼 때 성대를 울려서 내는 소리

전청(全清)	차청(次清)	전탁(全浊)	차탁(次浊)
b d g z s	p t k c	현대방언 : [b] [d] [g]	m n ng l
무성의 무기음 성모	무성의 유기음 성모	유성 장애음 성모	공명음 성모

성모의 기류 강약에 따른 구분

송기(送气)	불송기(不送气)
강한 기류	약한 기류
p t k q ch c	b d g j zh z
유기음	무기음

성 류

『광운(广韵)』의 반절상자(反切上字)를 분석 귀납하여 얻어낸 성모의 가짓수			
진례 陈澧	칼그렌 Karlgren	황간 전현동 黄侃 钱玄同	증운건 주조모 曾运乾 周调谋
40성류	47성류	41성류	51성류

운 모

운 모 표
a ia ua o uo e ie üe ai uai ei uei ao iao ou iou an ian uan üan en in uen ün ang iang uang eng ing ueng ong iong i u ü

운은 바로 운모(韵母)이다. 운모를 대표하는 자를 운목(韵目) 또는 운부(韵部)라고 부른다. 운은 운두(韵头)·운복(韵腹)·운미(韵尾) 세 부분으로 나뉜다.

	성(声) [성모]	운(韵) [운모]			조(调) [성조]
		운두(韵头) [개음]	운복(韵腹) [주요원음]	운미(韵尾) [말음][3]	
예 '天'	t	i	a	n	平声(tiān)
예 '阿'	○	○	a	○	平声(ā)

운모의 음소(音素)에 따라 나누면 단운모(单韵母), 복운모(复韵母), 비운모(鼻韵母)로 나뉜다.

운모의 음소

단운모(10)	복운모(13)	비운모(16)
a,o,e,ê,i,u,ü, -i(ʅ),-i(ʃ),er	ai,ei,ao,ou, ia,ie,ua,uo,üe, iao,iou,uai,uei	an,ian,uan,üan,en,in, uen,ün/ang,iang,uang, eng,ing,ueng,ong,iong

운두의 성질에 따라 나누면 개구(开口)와 합구(合口) 두 부류로 나뉜다. 명대 이래로는 개구・합구・제치(齐齿)・촬구(撮口) 등의 사호(四呼)로 나뉘었다. 일반적으로 개구의 운두는 없고, 합구의 운두는 u, 제치의 운두는 i, 촬구의 운두는 [y]이다.

운두의 성질

사호(四呼)			
개구(开口)	합구(合口)	제치(齐齿)	촬구(撮口)
운두 ○	운두 u	운두 i	운두 [y]

홍음(洪音)	세음(细音)
개구호와 합구호의 운모	제치호와 합구호의 운모

운미(韵尾)의 성질에 따라 나누면 음성운(阴声韵 : 운미는 없다)・양성운(阳声韵 : 운미는 m, n, ng)・입성운(入声韵 : 운미는 [p],[t],[k],[?] 등) 세 부류이다.

3) 운미는 모음이 될 수도 있고 자음이 될 수도 있는데 하나만 위치할 수 있다.

운미의 성질

음성운(阴声韵)	양성운(阳声韵)	입성운(入声韵)
운미는 ○	운미는 m, n, ng	운미는 [p],[t],[k],[?] 등

운복(腹) 또는 전체 운모의 성질에 따라 나누면 일등・이등・삼등・사등(一等・二等・三等・四等)으로 나뉜다. 등의 구분은 부류 방면으로는 고정 불변의 것이고, 어음의 성질 방면으로는 구체적인 고찰 대상인 어음계통 중에서 탐구하게 되어 일정한 표준이 없다.

운복 또는 전체 운모의 성질

일등	이등	삼등	사등
매우크다	그 다음으로 크다	가늘다	더욱 가늘다

운 섭

운복과 운미가 같은 성모를 모아서 부류를 이룬 것을 운섭(韵摄)이라고 부른다. 운섭이라는 이름은 원대 유감(刘鉴)의 『경사정음절운지남(经史正音切韵指南)』에서 果・假・遇・蟹・止・效・流・咸・深・山・臻・宕・江・曾・梗・通 등 16섭으로 나누면서 비롯되었다. 후래에 果假・宕江・曾梗을 합병하여 13섭이 되었다. 명대 어음의 발전은 운미 'm'이 'n'으로 전화되어 희극의 곡예 중에 압운하는 13철(辙)도 운섭의 성질을 지니고 있으나 13섭의 분류와는 내용이 다르다.[4)]

4) 13철은 명청 이래 북방 희극의 압운 기준이다. '철'은 '운'을 의미한다.

13철												
中东	衣期	姑苏	怀来	灰堆	遥迢	梭波	发花	乜斜	人辰	言前	江阳	由求
1	2	3	4	5	6	7	8	9	10	11	12	13

<table>
<tr><th colspan="16">16섭</th></tr>
<tr><td>1</td><td>2</td><td>3</td><td>4</td><td>5</td><td>6</td><td>7</td><td>8</td><td>9</td><td>10</td><td>11</td><td>12</td><td>13</td><td>14</td><td>15</td><td>16</td></tr>
<tr><td>果</td><td>假</td><td>遇</td><td>蟹</td><td>止</td><td>效</td><td>流</td><td>咸</td><td>深</td><td>山</td><td>臻</td><td>宕</td><td>江</td><td>曾</td><td>梗</td><td>通</td></tr>
<tr><td colspan="2">1</td><td>2</td><td>3</td><td>4</td><td>5</td><td>6</td><td>7</td><td>8</td><td>9</td><td>10</td><td colspan="2">11</td><td colspan="2">12</td><td>13</td></tr>
<tr><th colspan="16">13섭</th></tr>
</table>

운 류

<table>
<tr><th colspan="4">『광운(广韵)』의 반절상자(反切上字)를 분석 귀납하여 얻어낸 운모의 가짓수</th></tr>
<tr><td>진례(陈澧)</td><td>주조모(周调谋)</td><td>황간(黄侃)</td><td>칼그렌 백척주
Karlgren 白涤洲</td></tr>
<tr><td>311운류</td><td>324운류</td><td>334운류</td><td>290운류</td></tr>
</table>

성 조

한어는 성조가 있는 언어이다. 성조란 무엇인가? 어음은 물리학상으로 음고(音高)·음강(音强)·음장(音长)·음색(音色) 등의 특징을 분석해 낼 수 있다.[5] 성조는 주로 음고와 관련이 있으나 음장·음색과도 어느 정도 관계가 있으므로 음고는 성조의 주요 성분일 따름이다. 성조(声调)는 평성·상성·거성·입성 네 부류로 나뉜다.[6]

5) 어음의 기본 요소

음고	음강	음장	음색
소리의 고저 높이	소리의 강약 세기	소리의 장단 길이	음질

6) 중국 역사상으로 성조에 대한 인식은 약 5세기에 시작되었다. 심약(沈约)은 『사성보(四声谱)』('声'은 바로 성조임)를 지었고 왕빈(王斌)은 『사성론(四声论)』을 지었다고 전하는데 그 때에 이미 성조의 개념이 있었음을 알 수 있다.

사 성

평성(平声)	상성(上声)	거성(去声)	입성(入声)
약간 높으면서도 변화가 없게 나는 소리	낮은 데서 위로 올라가는 소리	높은 데서 아래로 처지는 소리	p. t. k.의 받침이 붙은 '높'·'끝'·'속'처럼 딱 끊어지는 소리

성조의 성질에 관한 서술은 당대부터 시작되었는데 명청 이래로 전래된 '사성 분류법'에 관한 가결을 한 수 소개한다.

사성의 분류법

平声平道莫低昂	上声高呼猛烈强	去声分明哀道远	入声短促急收藏
Píng shēng píng dào mò dī áng	Shàng shēng gāo hū měng liè qiáng	Qù shēng fēn míng āi dào yuǎn	Rù shēng duǎn cù jí shōu cháng
평성은 평평하고 높낮이가 없고	상성은 높고 세차고	거성은 분명하고 애달프며	입성은 짧으며 급히 끝을 맺는다

한어 어음은 늘 변화하고 발전하는 것으로 성조도 예외는 아니다. 그러나 어떻게 변하든지 원래의 사성 분류는 변하지 않는다. 이러한 사실 또한 성조 연구에 유리한 조건이다. 우리들은 사성을 출발점으로 삼아 사성이 중고 시기 이후에 어떻게 변화하였고 또 한어 방언 속에서 어떻게 변화하였는지를 알아본다. 어음의 발전 과정에는 조류가 분화되고 합병되는 두 가지 추세가 있었다.

보통화의 분화와 합병

분화	합병
평성이 음평과 양평 두 부류로 나뉜 것	古入声이 각기 음평·양평·상성·거성으로 들어가 입성류가 없어진 것(입성소실)

방언의 분화와 합병

분화	합병
각 성이 모두 음·양 두 부류로 나뉜 것, 평·거·입성이 각기 두 부류로 나뉜 것, 평·입성이 두 부류로 나뉜 것, 평성만 두 부류로 나뉜 것 등이 있다	상성의 한 부류(浊上)와 거성의 한 부류(浊去)가 늘상 한 부류로 합병되었는데 이것이 이른바 '탁상변거'(浊上变去)이다

中古音의 四声과 现代汉语의 四声

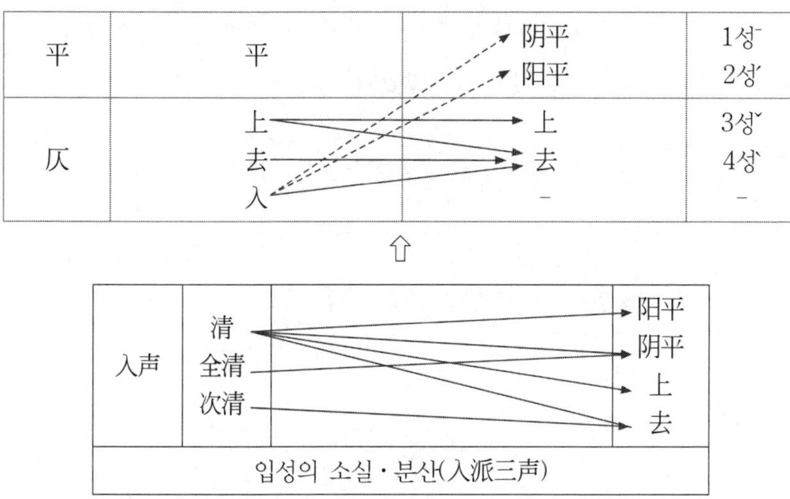

사성 중의 입성은 비교적 특별한 성조이다. 과거에 입성에 대한 개념은 문헌과 현대 일부 방언의 정황으로 미루어 보면 두 방면의 특징을 지니고 있다.

입성의 특징

음절의 원음이 짧고 조치도 짧다	'색이불렬'(塞而不裂)의 자음[辅音] 운미를 지니고 있다[7]

↙입성운미의 변화 ↙'m'이 'n'으로 전화

呼十却为石	唤针将作真	忽然云雨至	总道是天因
Hū shí què wéi shí	Huàn zhēn jiāng zuò zhēn	Hū rán yún yǔ zhì	Zǒng dào shì tiān yīn
십을 석이라 읽고	침을 진이라 한다	홀연 비구름이 밀려오니	하늘로 인해서라고 하는구나 因 yīn, 阴 yín

(당말 胡曾의 시)

다양한 성조분류법

중고에서 근대에 이르면서 또한 여러 가지 성조분류법이 출현하였다. 그러나 시종 사성의 틀을 벗어나지 않았다.[8]

5성	6성	7성
평성을 음・양 2류로 나눔	평・거성을 음・양으로 나눔	평・상・거성을 음・양으로 나눔
주덕청(周德清)	범선진(范善溱)・왕준(王駿)	주앙(周昂)

7) 북방방언 중 새로운 유형의 입성

'색이불렬'의 보음 운미를 지니지 않고	
다만 조치가 좀 짧은 것	음절이 길어지고 단조(短调)가 아니며 다만 하나의 독립적인 조위(调位)를 유지하는 것

8) 중국어 성조의 기본 틀

字音 ＼ 四声	平	上	去	入
무성음	阴平	阴上	阴去	阴入
유성음	阳平	阳平	阳平	阳入

현대한어의 방언 속에서 성조는 여러 가지 다양한 유형으로 나타난다. 조류(调类)에 의거하면 3성에서 10성까지 있는데[9] 조치(调值)는 더욱 천차만별이다. 우리들이 방언의 성조를 조사하고 연구하는 것도 사성의 분류를 출발점으로 삼거나 매개로 삼아 역사비교연구에 도움을 주기 위한 것이다.

현대중국어 방언의 성조

하북·난남 河北·滦南	북경 北京	양주 扬州	장사 长沙	소주 苏州	온주 温州	광주 广州	박백 博白
3성	4성	5성	6성	7성	8성	9성	10성

자음(字音)의 표기 방식

기음부호(记音符号)			
직음법 直音法	반절법 反切法	주음부호 注音符号	병음자모 拼音字母
한 개의 한자로 다른 한자에 음을 다는 방법	두 개의 한자로 다른 한자의 음을 다는 방법 예 东, 德红切	5·4운동 전후에 '주음자모'가 창제되었고 이후에 '주음부호'로 개칭되었다	병음자모로 한자에 음을 달고 한자를 기록하기 위한 방법

비황법·차독법·직음법

비황법(譬况法)	차독법(借读法)	직음법(直音法)
발음되는 모양이나 방법을 제시	음이 근사하거나 동일한 글자를 빌려 쓰는 방법	음이 동일한 글자를 빌려 쓰는 방법

9) 방언의 성조

북방방언 官话方言	오방언 吴方言	상방언 湘方言	감방언 赣方言	객가방언 客家方言	민방언 闽方言	월방언 粤方言
3~5성	7~8성	5~6성	6성	6성	7~8성	8~10성

음을 설명하는 방법	读若 · 读如≒读为 · 读曰	直音
예 长言之, 舌头言之	예 询读若宣, 孙读为逊	예 任音壬, 保音宝
입과 치아를 여닫는 방법, 혀의 위치, 숨의 장단 등을 설명하였다	동음자 혹은 음이 비슷한 자로 표음하였다 (직음의 최초 표음법) (한자의 최초 표음법)	후대의 자전에서 동음자로 직접 표음하였다
설명하는 용어가 괴상하여 그 정확한 진의를 알 수 없었다	적합한 동음자를 찾기 어렵고 찾더라도 어려운 벽자(僻字)인 경우에는 음을 달지 않은 것과 다름이 없었다	

고대 자음(字音)의 표현 방식으로 비황(譬况) · 독약(读若) · 직음(直音)이 있었으나 모두 한계성을 띠고 있었다. '반절'(反切)이 생기게 된 다음에 비로소 중국 고대 음운 연구는 지대한 혁신이 있었고 어음의 연구가 흥기하게 되었다.

반절법

비황(譬况) · 독약(读若) · 직음(直音) ↓ 반절(反切) [어음의 연구 흥성] 음의(音义)류의 책 韵书	
심음(审音)	작문(作文)

반절(反切)은 반음(反音) 또는 번절(翻切)이라고도 한다.[10] 후한 때 불교와 함께 들어온 범문(梵文, Sanskrit)의 표음법에서 유래된 것으로(1600년

10) '반절'의 다른 이름

번절 翻切	체어 体语	반언 反言	반어 反语	반음 反音	절음 切音	절어 切语

내지 1700년가량 쓰임) 이것을 학술적인 표음 방법으로 채택한 것은 삼국시대 위(魏)의 손염(孙炎)이라고 한다. 반절은 한자음을 나타내기 위해 위(앞)글자의 성(声)과 아래(뒤)글자의 운(韵)을 합해서 다른 하나의 음을 나타내는 방식을 말한다. 두 글자로 다른 한 글자의 음을 이루어내는 전통적인 주음(注音) 방식으로 운서에 널리 사용되었다. 반절의 위 글자를 반절상자(反切上字)라 하고 아래 글자를 반절하자(反切下字)라고 한다. 반절상자는 반절로 주음되는 글자와 성모가 같고, 반절하자는 반절로 주음되는 글자와 운모・성조가 같다. 즉 반절상자에서 성모를 취하고 반절하자에서 운모와 성조를 취한다.

예 : 『广韵』[11] 东, 德红切
반절상자 '德'자의 성모 [d](é) + 반절하자 '红'자의 운모와 성조 h[óng] → '东'자의 음 [dōng][12]

예 : 『广韵』 卢, 落胡切
반절상자 '落'자의 성모 [l]uò + 반절하자 '胡'자의 운모와 성조 h[ú] → '卢'자의 음 [lú]

X의 음
[X : 被切字]
Y(성모) + Z(운모・성조)
[Y : 반절상자] [Z : 반절하자]

YZ反(切)

11) 『광운』에는 3000여 개의 반절이 있다. 470개 정도의 글자가 성모를 나타내는 데 쓰였고 1200개 정도의 글자가 운모를 나타내는 데 쓰였다.

12) 음평조(1성) 양평조(2성)는 성모의 청탁에 따라 결정된 것이므로 운모와는 상관없는 것이다. 『德』은 청성모이기 때문에 병음된 운은 반드시 음평으로 결코 『红』의 탁성모의 영향을 받지 않는다.

수온(守温) 30자모[13]

당말 수온(守温) 30자모 「守温韵学残卷」	[宋人의 보완자모] (汉语拼音声母方案)
帮b 旁p 并pb 明m, [非f] [敷fv] [奉fh] [微w], 端d 透t 定dt 泥N, 知z 彻c 澄cz [娘Ny], 精zj 清cq 从cj 心sx 邪xs, 照zv 穿cv [床cs] 审s 禅sv, 见gj 溪kq 群qj 疑yw, 晓x 匣xh 影y 喻Ry 来L 日R	

⇩

등운도(等韵图) 36자모
(字母 : 성모의 대표자)

합성법

청초에 두 글자를 연속해서 급히 읽어 하나의 음을 나타내는 '합성'(合声)을 채택하게 된다. 합성은 고대에 쓰였던 '이합음'(二合音)을 체계적으로 운용한 것이다.[14]

이합음의 예
之矣 → 只 / 者乎, 者欤, 之乎, → 诸 (두 글자를 급하게 읽으면 한 글자가 된다)

13) 돈황(敦煌)에서 발견된 자료

『守温韵学残卷』 (파리 국립박물관)	『归三十字母例』 (영국 런던박물관)
30자모	

14) 합성으로 반절을 개혁한 대표적인 책은 『유음(类音)』(康熙年间)과 『음운천미(音韵阐微)』(康熙・拥正年间, 李光地 등) 『사음정정(四音定切)』(1918, 刘熙载)이다.

干 gān	
반절	합성
古寒切 gǔ+hán ⇢ gān 『광운(广韵)』	歌安切 gē+ān = gān 『음운천미(音韵阐微)』
반절상자와 피절자가 동성 반절하자와 피절자가 동운・동조	반절상자와 피절자가 동성・동조 반절하자와 피절자가 동운・동조

주음부호

청말 노당장(卢戆章)이 「중국절음신자하강(中国切音新字厦腔)」(1892년)에서 55개 자모부호[中国第一快切音新字]를 창제하였다. 이밖에도 속기부호식, 한자편방식, 전문(篆文) 또는 일본 가명(假名)을 이용한 것 등 여러 방안이 제시되었다.

속기부호식	
蔡锡勇 『传音快字』 (1896)	沈学 『盛世元音』 (1896)

1913년 독음통일회(读音统一会)에서 장태염(章太炎)이 창안한 '기음자모'(记音字母)가 국음(国音)의 '주음자모'(注音字母)로 채택되었고,(1918년에 공포되고 1930년에 '注音符号'로 개칭) 1918년 교육부는 정식으로 36자의 주음자모를 공포하였다. 그 후 여러 차례 수정・보충되어 1931년 주음부호의 순서와 성모 21자 운모 16자 성조 4가지가 결정되었다.

주음부호(1931) 성모 21자 / 운모16자 / 성조 4가지		
가장 간단	가장 용이	가장 적합
전국 각 방언 중에서		

주음부호	
성모 ㄅㄆㄇㄈ ㄉㄊㄋㄌ ㄍㄎㄏ ㄐㄑㄒ ㄓㄔㄕㄖ ㄗㄘㄙ	운모 ㄚㄛㄜㄝ ㄦㄧㄨㄩ ㄞㄟㄠㄡ ㄢㄣㄤㄥ
성조 ˙ ˊ ˇ ˋ ˉ	

반절 → [합성] → 병음 과도기
합성 → [주음] → 병음 과도기

라틴자모 ↓	절음신자(切音新字)운동 ↓
한위핀인 汉语拼音 Hànyǔpīyīn	쭈인프우하오 注音符号 Zhùyīnfúhào
지엔화쯔 简化字 Jiǎnhuàzì	프안티쯔 繁体字 Fántǐzì
중국 본토	대만

한어병음방안

「한어병음방안(汉语拼音方案)」은 과거의 직음(直音)·반절(反切) 및 각종 병음방안을 바탕으로 하여 발전한 것이다. 라틴자모의 채택에 대하여 말하자면 그 역사적 연원은 멀리는 400여 년 이전까지 거슬러 올라갈 수 있다.[15)]

15) 예를 들면 이탈리아 선교사 마테오 리치(1522~1610)의 『서자기적(西字奇迹)』은 1605년(明 万历 33년)에 북경에서 출판되었다. 서자기적(西字奇迹)』은 『정씨묵원』 중에 들어있

로마자로 한자의 음을 단 책

마테오 리치(이탈리아) Matteo Ricci	니콜라 트리코(프랑스) Nicolas Trigault
『정씨묵원(呈氏墨苑)』	『서유이목자(西儒耳目资)』 3册, 1626년, 29(25)자모

이러한 것들 모두가 외국인이 선교와 중국어 학습의 편리를 위하여 창제한 것이다. 중국인들이 자발적으로 문자 개혁을 추진하기 위하여 라틴자모로 한어를 표기하려는 시도는 지금으로부터 100여 년 가까운 역사를 가지고 있다.

라틴자모로 한자를 표기하려는 시도

1906	1908	1926	1931
朱文熊 강소신자모 江苏新字母	刘孟扬 중국음표자서 中国音标字书	국어로마자 国语罗马字	라틴화신문자 拉丁化新文字

「国语罗马字拼音法式」
刘复 赵元任 钱玄同 黎锦熙 林语堂 王怡 등 中国语统一筹备委员会 공포(1926)

는 음이 달린 4편의 문장을 가리킨다. 엄격한 체계가 없이 라틴자모로 중국의 고유명사를 표기한 『마르코폴로견문기(马哥波罗游记)』 등의 문헌부터 치자면 그 연원은 더욱 오래되었다.

1	2	3
명말 선교사 교회로마자	노당장(卢戇章) 절음신자 · 절음자모(1892)	왕조(王照) 官话合音字母(1901)
4	5	6
중화민국 설립 이후 주음부호(1918)	5·4 운동 전후 국어로마자운동	구소련 극동지방 라틴화신문자운동

「拉丁化新文字的写法」
中国新文字第一次代表大会 통과 (소련, 블라디보스톡)(1931)

라틴화 한어병음방안의 창제 과정

1949.10.	1954.12.	1958.2.
중국문자개혁협회	중국문자개혁위원회 (国务院 직속 기구)	제1회 전국인민대표대회 제5차 회의, 제의 · 통과 · 비준

「한어병음방안」은 전국 각 성 시 자치구, 각 부문, 각 직종에 종사하는 수많은 사람들이 각기 다른 형식으로 광범위하게 토론한 내용(전국 각 방면의 인사와 해외 교포들이 제출한 4300여 의견서를 포함)을 바탕으로 하여 국무원이 조직한 각 방면의 전문가로 구성된 전문 기구인 한어병음방안 심정위원회가 연구를 추진하여 국무원에서 통과된 다음, 1958년 2월 11일 제1회 전국인민대표대회 제5차 회의에서 비준 · 공포되었다.

한어병음방안 제정의 원칙

1	2	3
어음의 표준	음절의 구조	자모의 형식
보통화	音素制	로마자모(라틴자모)

한어병음방안(1956)의 5부분

① 자모표	② 성모표	③ 운모표	④ 성조부호	⑤ 격음부호
26개 라틴자모	21개 성모	36개 운모	4개 성조 음평(ˉ) 양평(ˊ) 상성(ˇ) 거성(ˋ) 경성은 표시하지 않는다	a,o,e로 시작되는 음절이 다른 음절 뒤에 붙을 때, 음절의 구분이 불분명하다면 격음부호로 나눈다. 예 pí'ǎo(皮袄)

한어병음방안의 장점		
기본자모가 26개 뿐이어서 쉽게 외우고 쓸 수 있다	모두 음소자모여서 한자의 음을 정확하게 표기할 수 있다	국제적으로 통용되는 라틴어자모를 채택하여 국제간 교류가 용이하다

중국음운학 간사(简史)

음운학사의 시기 구분				
상고음	중고음	근고음	근대음	현대음
상고 중국어	중고 중국어	고대 관화	중기 관화	현대 관화
诗经 谐声字	切韵 韵图	송~명초 古今韵会举要 (1297)	명~청초 中原音韵 (1324)	19C 이후

역대 주요 음운서						
한	위	진	양	수	송	원
손염 孙炎	이등 李登	여정 吕静	심약 沈约	육법언 陆法言	정도 丁度	주덕청 周德清
이아음의 尔雅音义 (반절 주음)	성류 声类	운집 韵集	사성보 四声谱 4성	절운 切韵	집운 集韵	중원음운 中原音韵

한말·위진대에 어음의 연구가 흥기하기 시작하여, 주연(周研)의 『성운(声韵)』41권, 이등(李登)의 『성류(声类)』10권, 여정(吕静)의 『운집(韵集)』 등의 운서가 출현하였다.

절 운

수대(隋代) 육법언(陆法言)의 『절운(切韵)』(약 601년)은 전대와 후대를 연결시켜 준 중요한 운서로서, 5권으로 되어 있었으나 원서는 이미 실전되고 「절운서(切韵序)」만 현존한다. 최근 수 십 년래에 몇 가지의 당(唐) 필사본(笔写本) 운서[16]를 통해 고증해 본 결과 『절운』은 193운으로 나뉘고,

16)

唐写本 잔권	왕인구(王仁昫) 『간류보결절운(刊谬补缺切韵)』 唐写本

평성(平声) 54운, 상성(上声) 51운, 거성(去声) 56운, 입성(入声) 32운이었다. 『절운』은 당송(唐宋) 운서의 시조로서, 이른바 절운계 운서로 처음 지어진 것이다.

切韵			
제1 · 2권 평성자 54운	제3권 상성자 51운	제4권 거성자 56운	제5권 입성자 32운
193운 11,500자			

광 운

송대(宋代)의 운서인 『광운』은 본래의 서명이 『대송중수광운(大宋重修广韵)』이다. 『광운』은 중국 언어학사상 한어 음운을 연구한 중요한 전문서로, 송대 진팽년(陈彭年) 등이 칙명을 받고 전대의 운서를 재차 수정한 중국 최초의 관수(官修) 운서이다.(1007년) 전서에 모두 26,194자가 수록되었고, 근 20만 자로 주석되어 있다.[17] 중국 현존의 완전한 운서로는 『광운』이 가장 오래된 것이다.

广韵				
제1권 평성 상평	제2권 평성 하평	제3권 상성	제4권 거성	제5권 입성
28운	29운	55운	60운	34운
206운 26,194자				

고음을 연구하려면 반드시 『광운』에서부터 거슬러 올라가야 하고 현대음을 연구하려 해도 『광운』에서부터 착수해야 한다.

17) 『광운』의 반절수와 반절에 쓰인 글자수

반절	성모를 나타내는 글자	운모를 나타내는 글자
3000여 개	약 470개	약 1,200

고음 연구 ⇠ 『광운』 ⇢ 현대음 연구

⇩

등운학연구
후대의 운서 편찬
각지의 방언 연구

절운계 운서

(수) 切韵	(당) 唐韵	(송) 广韵	(송) 集韵	(금) 平水新刊 礼部韵略[18]
陆法言 刘臻 颜之推 등	孙愐	陈彭年 邱雍 등	丁度 등	王文郁

절운계 운서의 주요 공통점

반절법으로 주음	193운~206운	사성에 따라 권수를 나눔

절운계 운서에 대한 개혁

오음집운(五音集韵) 15권(1208년) 금대 한도소(韩道昭)	
운부	체례
160운	36자모에 따라서 배열

⇩

운략역통(韵略易通)	오방원음(五方元音)
분운(分韵)하였을 뿐만 아니라 성류(声类)를 나누기도 하였다	

18)

礼部韵略	壬子新刊礼部韵略 (平水韵)	新刊礼部韵略
송초, 1037년	刘渊, 1252년, 107운	王文郁, 1331년, 106운

고금운회거요(古今韵会举要) 30권(1279년) 원초(元初)의 웅충(熊忠)	
형식상으로 전통적인 분운의 방법을 습용	실제로 운류와 성류를 나눌 때에는 도리어 당시의 실제 어음을 참조

중원음운

원대 주덕청(周德清)[19]의 『중원음운(中原音韵)』이 출현함으로써, 전통적인 운서와 다른 북음(北音) 운서의 시원이 되었다.

중원음운(1324년)	
전권	후권
운서 6000여 자를 19운으로 분류	[부록] 정어작사기례(正语作词起例) 사(词)를 짓는 여러 가지 방법

『중원음운』이 반영한 음계(音系)는 모두 19운으로 나뉘어져 있고 운목은 두 자로 표시되어 있다.[20] 예를 들면 东钟 · 江阳 · 支思 · 齐微 등이다. 성조를 나누었고 76부로 되어 있다. 이것은 평수운(平水韵) 106운에 비하여 훨씬 적다.

---

19) 주덕청은 강서 · 고안현(江西 · 高安县) 사람으로 악부(乐府)를 잘 짓고 음률을 잘 아는 희곡(戏曲) 작가였다. 그는 언어 문자는 사회의 발전을 따라서 발전해야 하며, "옛 것에 구애되고 현실에 맞지 않아 시세의 변화에 통달하지 못해서"는 안 된다고 생각하였다.

20) 중원음운 목록

1	2	3	4	5	6	7	8	9	10
东钟	江阳	支思	齐微	鱼模	皆来	真文	寒山	桓欢	先天
11	12	13	14	15	16	17	18	19	
萧豪	歌戈	家麻	车遮	庚青	尤侯	侵寻	监咸	廉纤	

『중원음운』의 조류(调类)

阴平	阳平	上	去
1성	2성	3성	4성
[현대]			

주덕청은 중국 고입성자(古入声字)를 음성운(阴声韵)인 양평(阳平)·상성·거성 중에 나누어 분류하였는데[入派三声],[21] 이것은 원대 대도어(大都语)의 어음 현상을 사실대로 반영한 것으로 현대한어 어음계의 근원이며 기초이다.

성조의 변화

平分阴阳		浊上变去	入派三声
음평 무성음 성모	양평 유성음 성모	상성, 전탁 성모 → 성모의 무성음화, 거성	입성 → 양평, 상성, 거성

북음운서(北音韵书)

중원음운 中原音韵	중주음운 中州音韵	사림운석 词林韵释	홍무정운 洪武正韵	운략이통 韵略易通	운략회통 韵略汇通	오방원음 五方元音
1324 周德清	(중원음운)	戈载	1375	1442 兰茂	1642 毕拱辰	1606 攀腾凤

21) 대다수의 학자들은 북방어의 입성소실은 원대에 시작되었다는 것이 주덕청 『중원음운』의 '입파삼성'(入派三声)에 의해 증명된다고 여긴다. 그러나 소수인의 의견은 도리어 다르다. 그들은 『중원음운』의 '입파삼성'은 곡운(曲韵)의 수요에 의한 것이었으므로 지류(支类)이지 동류(同类)는 아니라고 여긴다. 뿐만 아니라 같은 시기의 『몽골자운(蒙古字韵)』 및 기타의 어음 자료들은 모두 언어에 입성이 있음을 나타내고 있다.

운략이통

중국 전통음운학에 음위라는 명칭이 없었으나 초보적인 음위 관념은 이미 있었다. 명대 난모(兰茂)가 편찬한 『운략이통(韵略异通)』(1442년)에는 당시의 북음의 성모를 「조매시(早梅诗)」라는 시 한 수로 나타내고 있다.

东风破早梅	向暖一枝开	冰雪无人见	春从天上来
[t][f][p'][ts][m]	[x][n][o][tʃ][k']	[p][s][v][r][k]	[tʃ'][ts'][ʃ][l]
Dōng fēng pò zǎo méi	Xiàng nuǎn yī zhī kaī	Bīng xué wú rén jiàn	Chūn cóng tiān shàng lái
20운부			

등운도경

『중정사마온공등운도경(重订司马温公等韵图经)』은 1606년 당시 북경 지역의 음을 반영한 운도로서 19개의 성모가 있다. 『운량이통』「조매시」의 无성모 'ʋ'가 영성모로 변하였고 나머지는 「조매시」와 같다.

(명) 서유이목자(西儒耳目资)	(명) 등운도경(等韵图经)
Nicolas Trigault 남방관화 반영	徐孝 북방관화 반영

등운학

등운학(等韵学)은 송대에 흥기한 한어의 발음 원리와 발음 방법을 분석하는 학과로서 '등호'(等呼)로 운모(韵母)의 구조를 분석하고, '칠음'(七音)으로 성모의 발음 부위를 분석하고, '청탁'(清浊)으로 성모의 발음 방법을 분석하고, '자모'(字母)로 한어의 성모 체계를 표시한다. 등운(等韵)이란 분류된 운이란 뜻인데 등운도(等韵图) 즉 운도(韵图)의 체재는 가로줄에 성모를 나타내고 세로줄에 운모를 성조와 등으로 나누어 나타내었다.[22)]

등운학 연구

韵镜[23] · 七音略	四声等子 · 切韵指掌图 · 切韵指南[24]	韵法直图 · 韵法横图 · 字母切韵要法 · 类音[25]
12세기 이전	12~14세기	16세기 이후
송원파 등운		명청파 등운
차이↘ 분등(分等)의 방법을 바꿈[26]		

고음학과 금음학

고음학 古音学 (상고음)	금음학 今音学 (절운계 운서에 반영된 음)
청대학자들의 구분	

---

22) 등운도의 체재

『절운』계통의 음절을 각기 칸 속에 배열	
가로줄 칸	세로줄 칸
성모	운모(성조 · 등)

23) 대부분의 등운도는 성모를 36자모로 나타내었으나 「운경」은 성모를 오음과 청탁으로 나타내었다.

수당음계(운서)	송대음계(운도)
切韵	韵镜

24)

四声等子 · 切韵指南	切韵指掌图
운을 4등으로 나눔 각 등 안에서 평상거입 4성조로 나눔	운을 먼저 성조로 나눔 각 성조 안에서 4등으로 나눔

25)

韵法直图 · 韵法横图	字母切韵要法 · 类音
명 梅膺祚 字汇 뒤에 부록	청 강희자전 앞에 부록

26) 송원 등운도의 분등 방법을 변경하고 입술의 형상을 표준으로 삼는 방법을 창안하여 성모를 개구(开口) · 제치(齐齿) · 합구(合口) · 촬구(撮口) 사호(四呼)로 나누었다.

송명 고음학 연구

(송) 오역(吴棫)	(명) 양신(杨慎)	(명) 진제(陈第)
운보(韵补) 5권	전주고음략(转注古音略)	모시고음고(毛诗古音考)

↳ (청) 고염무 · 강영

청대 고음학 연구

고염무 顾炎武	대진 戴震	전대흔 钱大昕	단옥재 段玉裁	왕념손 王念孙
音学五书[27)] 韵补正	韵考 声类表	古声母 연구	说文解字注 六书音韵表	广雅疏证 古韵谱

고운분부(古韵分部)

고염무 顾炎武	강영 江永	대진 戴震	단옥재 段玉裁	공광삼 孔广森	왕념손 王念孙	강유고[28)] 江有诰	장병린 章炳麟
10부	13부	9류25부	25부	18부	21부	21부	23부

상고음에 발생한 음운현상

대전(对转)	방전(旁转)
음성운이 양성운으로 양성운이 음성운으로 음성운 · 양성운이 입성운으로 변하는 등의 음운변화	음성운은 다른 음성운으로 양성운은 다른 양성운으로 입성운은 다른 입성운으로 변하는 음운변화
공광삼(孔广森)	

27) 音学五书

音论	诗本音	易音	唐韵正	古音表

28) 音学十书

诗经韵读	群经韵读	楚辞韵读	先秦韵读	汉魏韵读
廿一部韵读	谐声表	入声表	四声韵谱	唐韵四声正

중국 고대 음운학 연구 3분야

고음학(古音学)	금음학(今音学)	등운학(等韵学)
周秦의 고음을 연구 대상로 한다	위진 당송 간의 어음을 연구 대상으로 한다	송대에 흥기, 한어의 발음원리와 발음 방법을 분석한다
诗经과 楚辞	广韵 集韵	韵镜

음운학 연구 자료

韵文	反切 韵书 韵图	현대중국어의 방언	对音
诗 词 歌 赋 赞 颂 箴 铭 등 음운체계 연구의 근거	음운의 발전상황 파악의 기초	고대 중국어의 어음을 탐구, 발전과정을 증명	근대의 중국어 역음자료, 서양 선교사들의 역음자료

중국 전통언어학이 청대(清代)에는 흥성 시기에 접어들어 문자학(文字学)·음운학(音韵学)·훈고학(训诂学) 등 여러 방면으로 모두 커다란 성과를 거두었다.[29]

29) 청대 언어학의 주요 성과

음운학자		문자학자		훈고학자	
江永	孔广森	桂馥	朱骏声	郝懿行	阮元
古韵标准 音学辨微 四声切韵表	诗声类	说文解字义证	说文通训定声	尔雅义疏	经籍籑诂

한자 독음의 규범화[30)]

1932 国音常用字汇	한자의 독음 변화 (일부)
9000여 한자의 독음 규범을 확정	『新华字典』과 『现代汉语词典』에 근거

이독자[31)] 정리

普通话审音委员会(1955)		
1957 第一批普通话异读词 666조	1959 第二批普通话异读词 569조	1962 第三批普通话异读词 600여 조
普通话异读词三次审音总表初稿，文字改革出版社, 1963.10.		

1985.12. 普通话异读词审音表
字形은 같으나 다르게 읽는 경우(异读)에 대한 규범

30) 한자의 '四定'

定量	定形	定音	定序
한자의 수량을 확정	한자의 형체를 확정	한자의 독음을 확정	한자의 순서를 확정
现代汉语通用字表	简化字总表	新华字典 现代汉语词典	1. 部首法 2. 音序法

31) 이독자(异读字)

多音字 : 一字多音

발음연습

음소(音素) : 의미를 구분할 수 있는 가장 작은 어음 단위	
자음(辅音) ≒ 성모	모음(元音) ≒ 운모

자음

순음	bㅂ	pㅍ	mㅁ	f(프오)
설첨음	dㄷ	tㅌ	nㄴ	lㄹ
설근음	gㄱ	kㅋ	hㅎ	
설면음	jㅈ-	qㅊ-	xㅅ-	
권설음	zhㅈˇ	chㅊˇ	shㅅˇ	rㄹˇ
설치음	zㅈ-	cㅊ-	sㅅ-	

기본이 되는 모음

a아　o오　e어/에　i이　u우　**ü위**　(er)얼

(yi)　(wu)　(yu)　[권설운모]

단독으로 음절을 이룰 경우 (　)로 표기

복모음

ai아이　ei에이 ao아오　ou오우

an안　en언　ang앙　eng엉　ong웅

ia야　ie이에 io요　iao야오　iou(iu)요우

ian이엔　in인　iang양　ing잉 iong융

üe**위에**　üan**위엔**　ün**윈**

ua와 uo우오 uai(**ui**)와이(**우이**) uei웨이 uan완 uen(un)원 uang왕 ueng웡

i- 로 시작되는 발음인 경우 y-(혹은 yi-) 로 표기

ü- 로 시작되는 발음인 경우 yu- 로 표기

ü- 는 j q x y 뒤에서는 ü의 두 점을 없애고 u로 표기

u- 로 시작되는 발음인 경우 wu- 로 표기

이 중에 고딕체로 표시된 부분은 한어병음이든 한글발음이든 모두 주의하여 발음해야 한다. 이밖에 대부분의 자음과 모음은 한어병음이든 한글발음이든 모두 쉽게 발음할 수 있다.

중국어 발음의 세 부분

好	h 성모	성조 ǎo 운모	hǎo

성조는 음절에서 음고(音高)의 변화를 나타내는 것으로 제1성 제2성 제3성 제4성 경성이 있다. 각각 ˉ ˊ ˇ ˋ ˙ 등의 부호로 구분하여 나타낸다. 하나의 음절에 1개의 모음만 있을 경우 성조부호는 그 모음위에 표기한다. 1음절에 2개 혹은 그 이상의 모음이 있을 경우 성조부호는 주요 모음 위에 표기한다. 일부 음절은 본래의 성조를 잃고 약하고 짧게 발음되는데 이를 경성이라 한다. 성모는 음절의 처음에 나오는 자음을 가리킨다. 중국어의 성모는 모두 22개가 있다.(영성모 1개 포함) 운모는 음절에서 성모 뒷부분을 가리킨다. 중국어의 운모는 모두 36개가 있다.

성모	운모	성조
음절 중의 모음의 전반부인 자음을 말한다	음절 중 성모 후반부에 오는 부분을 의미한다	음절 중 뜻을 구별하는 작용을 갖추고 있는 음고의 변화이다

↳

영성모(零声母)
어떤 음절은 字音의 전반부가 없는데, 이것을 영성모라 한다

조류와 조치

조류(调类)	조치(调值)
성조(声调)	
성조의 종류	한 조류의 실제 발음 소리의 높낮이 · 升降

높고 고르게 □ 阴平 ① 55

급히 내린다 ▽ 去声 ④ 51

급히 올린다 ▲ 阳平 ② 35

낮추었다 올린다 ▽▲ 上声 ③ 214

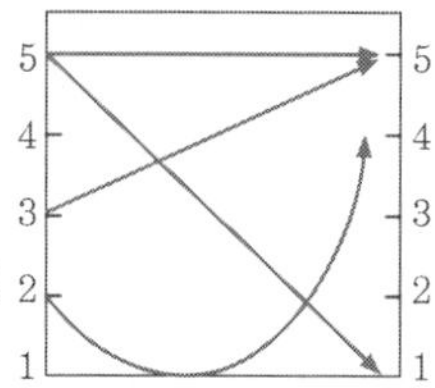

5도 高
4도 半高
3도 中
2도 半低
1도 低

「오점제표기법」, 「오도표기법」

성조 발음연습의 예

55	35	214	51
중 Zhōng 中	구오 guó 国	헌 hěn 很	따 dà 大
프엉 fēng 风	탸오 tiáo 调	위 yǔ 雨	쑨 shùn 顺
수오 shuō 说	원 wén 文	지에 jiě 解	쯔 zì 字

55	35	214	51
mā 妈	má 麻	mǎ 马	mà 骂
wān 湾	wán 完	wǎn 晚	wàn 万

가위		바위		보
剪	刀	石	头	布
지엔	다오	스	토우	뿌
Jiǎn	dāo	shí	tou	bù
③	①	②	·	④

[성조부호]

1성	2성	3성	4성	경성(轻声)
ˉ	ˊ	ˇ	ˋ	·

워	니	타(단수)	워먼	니먼	타먼(복수)
ˇ	ˇ	ˉ	ˇ ·	ˇ ·	ˉ ·

♫노래하듯 성조에 맞추어 한꺼번에♫

Wǒnǐtāwǒmennǐmentāmen

我 나	我们 우리
你 너	你们 너희
他 그	他们 그들

음변(音变)

성조의 변화	음소의 변화

'一'의 성조 변화

'一'는 단독으로 혹은 서수(序数)로 쓰일 때는 본래대로 1성으로 발음한다. 뒤에 1, 2, 3성이 올 때는 4성으로 발음하고 뒤에 4성(혹은 4성이 변해서 된 경성자)이 올 때는 2성으로 발음한다. '一'는 동사를 중첩한 사이에서는 경성으로 발음한다. 예 还有一个问题, 想顺便问一下。

단독 혹은 서수 : 원래대로 1성	1성 2성 3성 앞 : 4성	4성 앞 : 2성	동사중첩의 사이 : 경성
二十一 十一月 èrshí yī, shí yī yuè	一张 一台 一本 yì zhāng, yì tái, yì běn	一下 yí xià	看一看 kàn yi kàn

2성의 성조 변화

2성과 2성이 만나면 뒤의 2성은 더 높아진다. 예: 原来(2성′+2성″)

> yuánlái
> 예 今天我原来想去看电影, 偏巧下雨, 只好 不去了。
> 2성 3성↘ 4성↘

3성의 성조 변화

3성과 3성이 만나면 앞의 3성은 2성으로 발음한다. 3성이 3개 연달아 오면 마지막만 3성으로 발음한다. 3성 뒤에 3성 외의 성조(1성, 2성, 4성, 경성)가 오면 반3성으로 발음한다. 반3성이란 제3성(214)의 절반, 즉 앞쪽의 내려가는 부분(21)까지만 발음하는 것을 의미한다.

3성 앞 : 2성	3성이 연달아 올 때 : 마지막만 3성	1성, 2성, 4성, 경성의 앞 : 반3성
zhǐhǎo 只好(2성+3성)	2성+2성+3성	běnlái 本来(반3성+2성)

4성의 성조 변화

4성과 4성이 만나면 앞의 4성은 반4성으로 발음한다. 예 顺便(반4성+4성) 예 还有一个问题, 想顺便问一下。

'不'의 성조 변화

1, 2, 3성 앞에서는 원래대로 4성으로 발음한다. 4성 앞에서는 2성으로 발음한다. 단어 중간에 놓일 때는 경성으로 발음한다.

1성 2성 3성 앞 원래대로 4성	4성 앞 2성	단어 중간 경성
bùduō bùtóng bùhǎo 不多 不同 不好	búqù 不去	duìbuqǐ 对不起

	一	七	八	不
원음	yī	qī	bā	bù
1성 앞	yì	qī	bā	bù
2성 앞	yì	qī	bā	bù
3성 앞	yì	qī	bā	bù
4성 앞	yí	qí	bá	bú

경성의 종류

본래 경성으로 발음되는 것	제 성조를 갖고 있으나 경우에 따라 경성으로 발음되는 것
吗 吧 了 呢 的 们 得 着 地 등	하나하나 익혀나간다 ↘

즈다오 知道	뿌 즈따오 不知道
zhīdao 경성(轻声)	bù zhīdào 4성

경성의 역할

단어의 구별	품사의 구별
老子 lǎozi 아버지, lǎozǐ 노자	地道 dìdao 원조의(형), dìdào지하도(명)

경성 규칙

조사	어기사	접미사	중첩어 · 동사중첩식
慢慢地	是啊	卓子	姐姐

방위(형태소 · 단어)	방향 '来' '去' 등	양사 '个'	이음절 단어
外面	起来	一个人	先生

경성의 조치(调值)

1성 뒤	2성 뒤	3성 뒤	4성 뒤
22	33	44	11

'얼화'(儿化)

음의 변화가 없음	-i를 읽지 않음	-n을 읽지 않음
나얼 哪儿 nǎr	이후얼 一会儿 yíhuìr	요우디얼 有点儿 yǒudiǎnr

한 음절 뒤에 권설운모인 '儿'이 붙어 그 음절 중에 주요 모음 발음에 혀끝을 마는 듯한 음변현상을 일으키는 것을 '얼화'(儿化) 라 한다. '얼화'된 운모는 본음이 변화되나 발음을 표기할 때는 변화된 발음이 아닌 본 음절 뒤에 '-r'만 붙여 쓴다. 예 他马上会回来的, 请等一会儿。

'얼화'(儿化)의 역할

비유의 의미를 지니게 되어 의미가 달라진다	동사 · 명사 겸용 단어, 일부 형용사는 '儿化'한 다음에 명사로만 쓰인다	작거나 귀여움을 나타내는 의미가 부가 된다
门 문 门儿 방법	画 그리다, 그림 画儿 그림	小花儿 작은 꽃

'啊'음의 변화

-n + 啊	-u + 啊	-i + 啊
哪(na)	哇(wa)	呀(ya)

'啊'는 바로 앞에 오는 음에 따라 다음과 같은 음의 변화를 일으킬 수 있다. u ao ou 뒤에서는 '와'(wa)라고 읽고 '哇'로 쓰며, an en 뒤에서는 '나'(na)로 읽고 '哪'로 쓰며, a o e i ü 뒤에서는 '야'(ya)로 읽고 '呀'로 쓴다. ng와 -i(설치음), -i(권설음) 뒤에서는 '아'(a)로 읽고 '啊'를 그대로 쓴다.

다음자 발음연습의 예

싱 xíng	항 háng
行不行 / 品行	银行 / 行业

하오 hǎo	하오 hào
好歹 / 好人	好奇 / 好吃

수오 shuō	수이 shuì
说话 / 学说	说客 / 游说

창 cháng	장 zhǎng
长短 / 长期	长大 / 生长

쿵 kōng 空	쿵 kòng
속이 텅 비다, 공허하다	틈, 여가, 짬

더 de	띠 dì
他慢慢儿地过来了。	你住在什么地方。

후이 huì	콰이 kuài
会面 / 集会	会计

웨이 wèi	웨이 wéi
为了/为什么/因为	作为/为人

더 de	더 dé	데이 děi
他说得很好。	我得了感冒。	你得用功念书。

띠 dì	디 dí	더 de
目的	的确	我的

허 hé	후오 huò	후오 huo
和平 / 协和	调和 / 和麪	温和 / 暖和

잰말놀이

라오코우링 ràokǒulìng 绕口令	지코우링 jíkǒulìng 急口令
발음하기 어려운 말을 빨리 외우는 놀이	

♫ 石狮子
我有四个石狮子 石狮子是死狮子 四个石狮不能撕 死狮子也不能吃
워요우쓰거스스즈/스스즈쓰스스즈/쓰거스스뿌넝스/스스즈이에뿌넝츠 Wǒ yǒu sì ge shí shīzi, Shí shīzi shì sǐ shīzi, Sì ge shí shī bù néng sī, Sǐ shīzi yě bù néng chī 내게는 네 마리 돌사자가 있어요 / 돌사자는 죽은 사자지요 / 네 마리 돌사자는 찢을 수 없어요 / 죽은 사자는 먹을 수도 없지요

비교 :

♬ 狮子
四只狮子
十只狮子
十四只狮子
四十四只狮子

ㅅㅈㅅㅈ ㅅㅈㅅㅈ ㅅㅅㅈㅅㅈ ㅅㅅㅅㅈㅅㅈ

Sì zhī shīzi, Shí zhī shīzi, Shí sì zhī shīzi, Sì shí sì zhī shīzi

4마리 사자 10마리 사자 14마리 사자 44마리 사자

♬ 六十六岁的刘老头

六十六岁的刘老头	66세 유씨 노인이
赶著六头大黄牛	6마리 황소를 몰고가요
黄牛背上背了六十六篓花生油	황소 등에는 66통 땅콩기름 지고 있었어요
走了六十六里路 / 来到大桥头	66리 길을 걸어 큰다리목에 다다랐어요
桥边鉆出了六头大黄狗	다리 가에서 6마리 누렁이가 튀어나와
吓跑了六头大黄牛	6마리 황소는 놀라 달아났어요
恰好来了六个小朋友	마침 6명의 어린이가 와서
牵走了六头大黄牛	6마리 누렁이를 끌고갔어요
保全了六十六篓花生油	66통의 땅콩기름을 보전했어요

리우스리우수이더리우라오토우/깐저리우토우따황니우/황니우뻬이쌍베이러리우스리우로우화성요우/조우러리우스리우리루-라이따오따챠오토우/챠오비엔좐추러리우토우따황고우/싸파오러리우토우따황니우/챠하오라이러리우거샤오펑요우/치엔조우러리우토우따황니우/바오치엔러리우스리우로우화성요우 Liùshíliù suì de liú lǎotóu, gǎn zhe liù tóu dà huángniǔ, huángniǔ bèi shàng bēi le liǔshíliù lǒu huāshēngyóu, zǒu le liùshíliù lǐ lù – láidào dà qiáotóu, qiáobiān zhuān chū le liù tóu dà huánggǒu, xiàpǎo le liù tóu dà huángniǔ, qiàhǎo lái le liù ge xiǎo péngyou, qiānzǒu le liù tóu dà huángniǔ, bǎoquán le liùshíliù lǒu huāshēngyóu

동요

♬ 我来唱一首歌你们来和 ♬
我来唱一首歌你们来和。 歌声实在好听响亮谐和。 啦啦啦啦 啦啦啦啦 啦啦啦啦 啦。
워 라이 창 이 소우 거 니먼 라이 허 거성 스짜이 하오팅 상량 시에허 라라라 라라라 라라라 라 Wǒ lái chàng yì shǒu gē nǐmen lái hé Gēshēng shízài hǎotīng xiǎngliàng xiéhé Lālālā lālālā lālālā lā 내가 노래 한 곡 부를 테니 다 같이 불러요 노랫소리 참 듣기 좋구요 우렁차고 잘 어울려요 랄랄라 랄랄라 랄랄랄 라

♬ 小小姑娘 ♬
샤오샤오구냥 칭자오치촹 티저화란 쌍쓰창 조우꾸오따지에 촨꾸오샤오샹 마이화마이화 성성창 화얼수이메이 화얼수이샹 메이런라이마이 전머빤 만만화란 쿵쿵치엔낭 루허후이취 찌엔디에냥 (클레멘타인 곡조)
小小姑娘 清早起床 / 提着花蓝 上市场 / 走过大街 穿过小巷 / 卖花卖花 声声唱 // 花儿虽美 花儿虽香 / 没人来买 怎么办 / 满满花蓝 空空钱囊 / 如何回去 见爹娘

Xiǎoxiǎo gūyang qīngzǎo qǐchuáng, tí zhe huālán shàng shìcháng, zǒu guo dàjiē chuān guò xiǎoxiāng, mǎi huā mǎi huā shēngshēng chàng, Huār suī měi, huār suī xiāng, méi rén lái mǎi zěnme bàn, mǎnman huālán kōngkōng qiánnáng, rúhé huíqù jiàn diēniáng

어린 아가씨 새벽에 일어나/ 꽃바구니 들고 시장에 나가/ 큰길 건너 골목 골목 돌며꽃 사세요/ 꽃 사세요 외치네/ 꽃은 아름다우나 꽃은 향그로우나/ 사는 사람 없으니 이를 어쩌나/ 꽃바구니 가득 돈주머니 텅텅/ 돌아가서 엄마 아빠 어찌 뵐꼬

동작

♫ 乌鸦是黑还是白 ♬	
乌鸦黑。	우야 헤이
乌鸦白。	우야 바이
乌鸦是黑还是白?	우야 쓰 헤이 하이쓰 바이
你说乌鸦黑。	니 수오 우야 헤이
我说乌鸦白。	워 수오 우야 바이
到底是黑还是白?	따오디 쓰 헤이 / 하이스 바이

Wūyā hēi。Wūyā bái。Wūyā shì hēi háishi bái。Nǐ shuō wūyā hēi。
Wǒ shuō wūyā bāi。Dàodǐ shì hēi háishi bái。

까마귀가 희지요 까마귀가 검지요
까마귀가 검은지 아니면 흰지
너는 검다고 하고 나는 희다고 한다
도대체 검은지 아니면 흰지

프앙웨이 方位 fāngwèi	
早上起床	아침에 일어나
面向太阳	태양을 바라보면
前面是东	앞은 동
后面是西	뒤는 서
左面是北	왼쪽은 북
右面是南	오른쪽은 남
东西南北	동서남북

자오쌍치촹/미엔썅타이양/치엔미엔쓰뚱/호우미엔쓰시/주오미엔쓰베이/요우미엔쓰난/둥시난베이
Zǎoshàng qǐchuáng。miàn xiàng tàiyáng。qiánmiàn shì Dōng。hòumiàn shì Xi。zuǒmiàn shì Běi。yòumiàn shì Nán。Dōng Xī Nán Běi。

Part 2
문 자

한자의 기원

한자는 도화(图画)에서 기원하였다.[1] 도화는 때로 의사를 전달할 수 있으나 그 표현 방법이 한정되어 있다. 또한 일정한 조건 아래에서 의사 전달을 보조하는 역할을 한다. 사회적 교류가 점차 빈번하고 복잡해지면서 기사성(记事性)의 도화는 사람들의 수요를 충족시킬 수 없게 되었다. 이에 사람들은 점차 기사성의 도화를 간략화 시키고 정리하여 언어적 부호로 만들고 독음을 붙였으니 이렇게 하여 비로소 문자가 생겨나게 된 것이다.

도화문자	⇢	한자
도화	<	부호

한자는 도화문자(图画文字)에서 발전한 것으로 도화문자와 다른 점은 도화의 성질이 점차 줄어들고 부호 성질이 늘어난 것이다.

1) 한자 형성 이전의 원시 상태

图画	结绳	书契	八卦	河图	洛书	甲子
物	事物					

한자 기원에 관한 전설

결승설[2] 结绳说	팔괘설[3] 八卦说	창힐조자설[4] 仓颉造字说	하도낙서설 河图洛书说
神农氏	伏羲(庖牺)氏	仓颉 : 黄帝의 史官	『周易 · 系辞』

↳ (고대인의 记事 방법)

삼서성(陕西省) 서안(西安)의 반파(半坡)유적에서 출토된 앙소문화(仰韶文化)의 채색토기에 물고기 · 개구리의 도형과 정확히 해석할 수 없는 부호가 새겨져 있는데 이것은 약 6000년 전의 것으로 추정된다. 부계씨족사회 대문구문화(大汶口文化)의 회색토기에 도화문자가 나타났는데 이것은 지금으로부터 약 5,000년 전의 것으로 추정된다.

부호와 도화문자

<table>
<tr><td>仰韶문화
약 5500~7000 전
(채도문화)</td><td>大汶口문화
약 4500~6000 전</td><td>龙山문화
약 4000~4500 전
(흑도문화)</td></tr>
<tr><td colspan="3">7000년~4000년전 신석기시대
모계씨족사회 → 부계씨족사회</td></tr>
<tr><td colspan="3">농업 · 목축업, 도기상의 부호와 도화문자(문자의 기원)</td></tr>
</table>

2) 결승

<table>
<tr><td>비망(备忘)의 기호(○)</td><td>간단한 사물의 표기(○)</td></tr>
<tr><td colspan="2">감정의 표현 및 교류(×)</td></tr>
</table>

3) 팔괘

☰	☷	☵	☲	☱	☶	☴	☳
건 乾	곤 坤	감 坎	리 离	태 兑	간 艮	손 巽	진 震
하늘	땅	물	불	늪	산	바람	우뢰

4) 고대에 가장 널리 알려진 전설이었는데 후대로 가면서 신화처럼 되었다. 한자는 한 사람이 일시에 창조된 것이 아니라 대중이 끊임없이 관찰하고 사고하여 제작해낸 것이고 또한 장기간 누적되어 형성된 것이다.

도기상의 부호			

반파(半坡)	강채(姜寨)	이리두(二里头)	대문구(大汶口)

그러나 이러한 문자는 기호·표지로서 개별적으로 각기 하나의 단어를 뜻하였고 그림에 가까워서 문장 혹은 단락을 기록할 수 없었다. 이 때문에 이것을 원시문자라고 일컫는다. 4,000여 년 전에 원시문자는 성숙 단계로 발전하여 귀갑 혹은 우골에 새겨진 갑골문이 출현하게 된다.

갑 甲	골 骨
귀갑 龟甲	수골 兽骨
거북의 껍질	동물의 뼈

갑골문은 하남성(河南省) 안양현(安阳县) 소둔촌(小屯村), 즉 은허(殷墟)에서 1898년에서 1899년 사이에 있었던 황하 대홍수 때 많은 갑골이 발견되었는데 여기에는 문자가 새겨져 있었다.

갑골문의 초기 형태

鸟	鱼	昔	牢
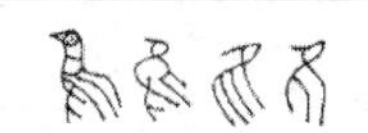		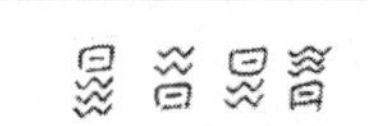	

고증을 거쳐 이것이 출토된 지점은 고대 은왕조의 수도이고 이러한 문자는 은왕조 때의 유물로 기원전 1300여 년에서 1100여 년 사이의 5000여 자 정도 확인되었다.[5] 갑골문은 한자의 원형으로 볼 수 있는 지금까지 전해져 오는 최초의 한자인 셈이다.

갑골문의 명칭[6)]

은허문자 殷墟文字	복사 卜辞	은계 殷契	계문 契文

갑골문 자료 정리 및 연구

1899년 왕의영(王懿荣)	1903년 철운장귀(铁云藏龟) 유악(刘鹗)	1904년 계문거례(契文举例)[7)] 손이양(孙诒让)
최초로 갑골문을 인식하여 구매하기 시작	최초의 갑골 수록서 1,058片	최초의 갑골문 연구서 1917년 출판

殷墟贞卜文字考(1910) 殷墟书契考释(1914)	大龟四版考释(1931) 甲骨文断代研究(1933) 殷历谱(1945)
나진옥(罗振玉)	동작빈(董作宾)

殷墟卜辞综述(1955)	甲骨文编(1964년개정본)	甲骨文合集(1978~1985)
진몽가(陈梦家)	손해파(孙海波)	곽말약(郭沫若) 주편

출토 기간	출토 편수	출토 단자	해독된 자
청말~현재	약 16만 片 (10만여)	5천 남짓	1500자 가량

---

5) 근현대 한학계(汉学界)의 4대사

6)

甲骨文 발견	敦煌 藏经洞 발굴	帛书 简牍 출토	清宫 旧当案 공개

龟版文 龟甲文 契文 甲骨刻辞 龟甲兽骨文字	贞卜文字 甲骨卜辞 殷墟卜辞 殷墟书契 殷墟文字
초기 甲骨文(字)의 명칭	

7) 『계문거례』 10류

1	2	3	4	5	6	7	8	9	10
月日	贞卜	卜事	鬼神	卜人	官氏	方国	典礼	文字	杂例

갑골문의 내용

卜辭[8](贞卜文)	非卜辭(记事文)
농업 천상 길흉 제사 정벌 질병 사령 왕래 혼인 등	간지표, 갑골의 공납 및 소장 상황, 역사적 사건의 기록

갑골문 중 家 母 字 父 文 其 등	갑골문 중 禾 黍 稻 麦 稷 粟 등	갑골문 중 石 泉 土 生 兔 虫 등	갑골문 중 舞 鬼 鼓 乐 聿 画 등
혼인 가족 풍속	농업의 발전	생활환경	원시 예술

갑골문 이후 중국의 한자는 금문 · 전서(대전 · 소전) · 예서 · 초서 · 해서 · 행서의 단계로 발전하였다.

한자 형체의 발전 과정

古文字 단계				今文字 단계			
甲骨文	金文	篆文		隶书	草书	楷书	行书
占卜	钟鼎文	大篆	小篆	동한-八分书	章草 今草 狂草	真书 正书	晋代 행해, 행초
	↘ 六国文字 ↗						

갑골문에서 금문에 이르기까지 자형은 도화에서 부호화로 발전하게 되었다. 갑골문은 칼로 귀갑이나 우골에 새긴 것으로 선이 곧고 문자는 상형인데 대부분 상대 후기에 나온 것이다. 금문은 종정문(钟鼎文)이라고도 하는

8) 복사의 형식

서사 敍辞 = 前辞	정사 贞辞	복사 卜辞 = 占辞	험사 验辞
점을 친 날짜 · 장소, 贞人의 이름	점을 쳐서 묻고자 한 내용	길흉과 화복에 대 판단	점복이 끝난 뒤 실제 그러한 일이 일어났는지의 여부에 대한 기록

데 상 · 주 · 진 · 한에 걸쳐 사용된 문자로 주로 서주시기에 청동기에 새겨진 문자를 가리킨다.

금문의 형체

家	集	取

금문의 내용

제사와 전례, 선조에 대한 찬양, 정벌과 공로의 기록, 수상과 책명, 신하의 훈고, 법률과 계약 등

대전은 주선왕(周宣王) 때의 태사 주(籀)가 만들었다고 전해져 주문이라고 한다. 주문은 크기가 균일하고 중첩이 많은데 전해지는 석고(石鼓 : 북의 모양으로 만들어진 돌) 서체가 대표여서 석고문이라고 부른다.

고문 · 주문 · 금석문

고문(古文)	주문(籀文)	금석문(金石文)
진시황 이전에 济 鲁 赵 魏 등에서 유통되던 자체	선진시대 자체의 일종	금문(金文) 석각문(石刻文)

춘추전국시기에는 지역마다 자형의 차이가 컸으나 진이 중국을 통일한 후 소전이 전국에 통용되었고 후에 소전은 또 예서로 발전하였다.[9]

9) 진대에 대전이 소전으로 바뀌었고 진예(秦隶: 左书, 지금의 隶书)도 나타났다. 진예는 당시 옥리였던 정막(程邈)이 죄를 지어 운양(云阳)의 옥사에서 10여 년간 갇혀 있을 때 옥중에서 고찰해 내었다. 자획을 가감하고 곡선을 직선으로 바꾸고 형태를 4각으로 쓰기 쉽고 읽기 쉽도록 만들었다. 진시황은 정막이 만든 간체자를 보고 그의 죄를 사하고 어사(御使)

대전 · 소전

대전(大篆)	소전(小篆)
갑골문, 금문. 전국문자를 모두 포함시키기도 한다	진시황이 통일한 자형으로 대전보다 간화되었다
전(篆) : "곡선으로 그려내다"는 뜻	

齐	楚	燕	韩	赵	魏	소전으로 통일	秦
						↪	
'马'자의 예							

한대에는 예서를 응용한 팔분(八分)과 장초(章草) 등의 자형도 나타났다.[10] 서진 때에 해서가 생겨나기 시작했다.

예서 · 해서

예서(隶书)	해서(楷书)
鸟 燕 鱼 马	春 江 花 月 夜
鳥 燕 魚 馬	春江花月夜

한편 한대에 흥기한 초서는 진대에 이미 독립된 자체가 되어 있었는데 동진 때 왕희지(王羲之) · 왕헌지(王献之) 부자는 초서를 더욱 발전시켰다.[11]

벼슬을 주어 문자를 취급하도록 하였다.

10) 서한에는 소전이 여전히 쓰였고 따로 한예(汉隶 : 八分, 예서 2분과 전서 8분을 섞어서 만든 서체)가 나타났다. 동한 때에는 팔분서 외에 장초(章草 : 좌우로 삐치는 획에 예서체를 쓰는 초서의 일종)가 널리 쓰였다.

11) 흔히 "唐诗 · 晋字 · 汉文章"이라고 병칭하는데, 여기서 '晋字'는 동진의 서예를 가리키고 대표적 서예가는 왕희지 부자와 종요(锺繇)이다.

초서[12)]

장초(章草) ⇢	금초(今草) ⇢	광초(狂草)
동한 章帝	동한말 张芝 왕희지 왕헌지 부자	예술적 가치
예서를 거칠게 흘려 쓴 것에서 발전	해서의 필기체 王羲之 : 十七帖	大草, 극단적인 초서

真草千字文 僧 智永[13)]
초서 · 해서 결합

당대 초서는 손과정(孙过庭) · 장욱(张旭 : 草圣) · 회소(怀素)가 유명하다. 당대에 가장 유명한 해서의 대가는 안진경(颜真卿)과 유공권(柳公权 : 778~865)이었다.

해서 4대가			
(당)안진경(颜真卿)	(당)유공권(柳公权)	(송)구양순(欧阳询)	(원)조맹부(赵孟頫)
	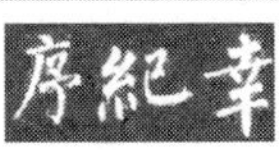		

---

12)

동진 서예	당 서예
优美	壮美

장초	금초	광초
한 史游 : 急就章 삼국 皇象 : 急就章 진 索靖 : 出师颂 원 赵孟頫 : 急就章	智永 : 千字文 孙过庭 : 书谱	张旭 : 肚痛帖 古诗四帖 怀素 : 自敍帖

13) 지영은 왕희지의 7대손으로 진(陈) · 수(隋) 간에 활동하였고 진서와 초서에 능하였다.

智永의 永字八法							
側(측)	勒(륵)	啄(탁)	磔(책)	策(책)	掠(략)	趯(적)	努(노)

송대 소식(苏轼)의 「적벽부(赤壁赋)」(행서)는 문장과 서예가 모두 훌륭하여 문인과 시인들을 감동시켰다. 미불(米芾)의 행서는 필세가 다양하고 빼어났는데 대표작으로 「화엄경(华严经)」이 있다. 황정견(黄庭坚)의 행서·초서, 채경(蔡京)의 행서·해서 역시 나름대로의 특색을 지니고 있다.

예서	초서	해서	행서
단아한 글씨체	쓰기 편리한 글씨체	가장 모범적인 글씨체	해서체를 조금 흘려서 쓴 글씨체
秦 程邈	东汉 章帝	魏 锺繇 : 宣示表	王羲之 : 兰亭序

실용성
소전 < 예서 < 초서

실용성+예술성
해서

한자 형체의 변화 원인

서사재료	서사도구
거북 등껍질, 짐승의 뼈 종·솥·도기 비석·간독 비단·명주	칼 붓 만년필 타자

简化 ⇄ 繁化	表意+表音
简化 위주	表意>表音 ⇒ 表意<表音
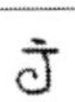 → 雲 → 云 甲骨文 说文解字 简体字	象形 指事 会意 → 形声 (表意性) (表音性)

통계에 따르면 갑골문 중에 형성자는 20%를 차지하고 동한의 『설문해자』에는 형성자가 80%로 증가하고 현재 사용하고 있는 간화자에는 형성자가 90% 이상으로 더욱 증가되었는데, 이러한 사실은 한자가 표의의 기초 위에서 표음의 방향으로 점차 발전하였음을 설명한다.

表意文字, 文字符号
↘

갑골문→ 금문→ 대전→ 소전→ 예서→ 초서→ 해서→ 행서 …
(은상) (서주) (주진) (진한) (한) (한~당) (당) (당)

↙
간화자(1958)

현대 한자의 서체

필기체			인쇄체			
楷书	草书	行书	宋体	仿宋体	楷体	黑体

송체	방송체	해체	흑체
汉字文化	汉字文化	汉字文化	**汉字文化**

'소학'의 정의와 범주

'小学'
학령 아동에 대하여 초등 교육을 실시하는 학교
교육과목
(周代)

↓

육예(六艺)

礼	乐	射	御	书	数
정치	음악	체조		습자	산술

'六书'
[文字学]
↓

象形 指事 会意 形声	转注 假借
(造字方法)	(运用方法)

> 육서는 문자학의 범주에 속하여 서한 때에는 소학을
> 문자학의 대명사로 여겼다[14)]
> 小学 ≒文字学

고대인들은 문자・훈고・음운 방면의 서적이 경서를 읽기 위한 '户牖' '要律' '襟带' '梯航'이 된다고 여겨 경학의 부용이라고 보고 이러한 소학류 서적을 경부(经部)의 끝에 배열하였다.[15)]

광의의 문자학	협의의 문자학
자음・자형・자의의 상호관계 및 변천을 연구	자형의 연구 위주

14) 문자에 대한 명칭으로 名 书 契 文 字 文字 등이 쓰였다. 문자를 논하는 것을 한대인들은 '小学', 당송이래로는 '字学', 중화민국 초기에 장태염(章太炎)은 '文字学'으로 불렀다.

15) 四库全书 经部 小学类

训诂	字书	韵书
『尔雅』	『说文』	『广韵』
义	形	音

한자의 3요소

자형(字形)	자음(字音)	자의(字意)
글자의 모양	글자의 음	글자의 뜻
↳	↓	↲
	익힌다 [한자 공부]	

문자의 유형

상형문자 象形文字	표의문자 表意文字	표음문자 表音文字

↖ [한자] ↗

표의문자의 장단점

장점	단점
자형만 봐도 자의를 대체로 알 수 있다. 조어력(造语力) 함축성 상징성 기억력 추리력 지각력 등이 표음문자보다 훨씬 뛰어나다	한자수가 너무 많고 형태가 복잡하여 기록하거나 읽기가 어렵다

한자를 사용할 때 착오가 빈번히 발생하는 이유

한자의 자수가 너무 많다	자형의 변화가 다양하다	필획의 구조가 복잡하다
	↓ 계통적 한자 학습으로 기초를 다진다	

부 수

허신(许慎)은 『설문해자』에서 문자의 형체와 편방의 구조에 의거하여 540부로 나누는 부수배열법(부수검자법)을 창시하였다. 허신은 모든 글자를 자형의 구조에 따라 '一'(일)부부터 '亥'(해)부에 이르기까지 540부로 분류하여 매 부의 한 자(제부수자)를 부수로 삼았다. 원칙적으로 형체와 의의가 서로 비슷한 것을 모두 한 부로 모았다.

부(部)	수(首)
비슷한 모양의 글자들을 한데 묶은 것	우두머리, 대표
그 부의 대표적 의미	

<table>
<tr><th colspan="3">편방[16] > 부수</th></tr>
<tr><td rowspan="2">성질상</td><td colspan="2">동일 사물에 대한 두 가지 명칭이다</td></tr>
<tr><td>자형의 구조에 착안한 것</td><td>문자의 부류에 따른 것</td></tr>
<tr><td rowspan="2">형식상</td><td colspan="2">대체로 같지만 그 범위는 각기 다르다</td></tr>
<tr><td>회의와 형성으로 이루어진 합체자의 좌우 부위를 지칭</td><td>절대 다수가 독체자로서 모든 합체자[字]의 기본성분</td></tr>
</table>

편방과 부수

∴ 부수는 문자의 편방이 될 수 있으나 편방은 반드시 부수인 것은 아니다 예 : 形
편방 ≒ 부수

부수의 위치

위쪽	아래쪽	왼쪽	오른쪽	위쪽에서 왼쪽	바깥쪽 둘레	왼쪽에서 밑쪽
家 宀	热 灬(火)	仁 亻(人)	刻 刂(刀)	康 广	国 囗	道 辶(辵)

16) '편방'(偏旁)은 한자의 구성상 왼쪽 부분인 편과 오른쪽 부분인 방을 일컫는다. 편방이란 명칭이 당대 장삼(张叁)의 『오경정의(五经正义)』의 서례(序例)에 나타나기 이전에는 당대 안원손(颜元孙: 697년 전후 당무제 때 在世)의 『우록자서(于禄字书)』의 서(序)에 최초로 보인다. 여기서 편방은 실지로 부수를 가리킨다. 그러나 부수와 편방[部件]은 분명히 분별되어야 한다.

부수 찾기

弟	民	采	承	川	之
弓 활궁	氏 각시씨	釆 분별할채	手 손수	巛 개미허리	丿 삐침

舍	慕	卷	尹	求	夜
舌 혀설	心 마음심	卩 병부절	尸 주검시밑	水 물수	夕 저녁석

羅(罗)	芻(刍)	長(长)	飛(飞)	糴(籴)	鬱(郁)
网 그물망	艸 초두	長 긴장	飛 날비	米 쌀미	鬯 울창술창

번체자(간체자)

많은 한자를 가진 부수의 예

草	水	口	木	手	心	金	人	虫	言
초두	물수	입구변	나무목	손수	마음심	쇠금	사람인변	벌레훼(충)	말씀언
순위 1	2	3	4	5	6	7	8	9	10

필획수가 적은 부수

一	丨	丶	丿	乙	亅	二	亠	人	儿
한일	뚫을곤	점	삐침	새을	갈고리궐	두이	돼지해머리	사람인변	미친사람인발

필획수가 많은 부수

黽	鼎	鼓	鼠	鼻	齊	齒	龍	龜	龠
맹꽁이맹	솥정	북고	쥐서	코비	가지런할제	이치	용룡	거북귀	피리약변
12획	13획	13획	13획	14획	14획	15획	16획	16획	17획

부수배열법 채택

동한	양	요	명	청
说文解字 설문해자	玉篇 옥편	龙龛手鉴 용감수감	字汇 자휘	康熙字典 강희자전
许慎 허신	顾野王 고야왕	行均 행균	梅膺祚 매응조	张玉书 陈廷敬 장옥서 진정경
540部首	542部首	242부수	214部首	214部首

『설문』이 부수법을 채택한 이후 진『字林』, 송『유편(类编)』 등 많은 자서들이 부수법을 운용하였다. 명대 신종 만력 43년(1615)에『자휘』에 이르러 비로소 큰 변화가 일어났다.『설문』의 부수 배열순서는 형계(形系)에 의거한 것이었으나 매응조는『자휘』의 부수의 수를 214개로 줄이고 필획수에 따라 적은 것에서 많은 것으로 배열하였다. 이렇게 1획의 '一'부부터 시작하여 2획 3획 4획 등의 각 부수로 이어가고 마지막에는 17획 '龠'(파리약변)부에 이른다. 또한『설문』에서 각 부의 자는 자의에 따라 배열하였으나『자휘』에서는 필획수에 따라 배열하였다. 즉 각자의 부수의 획수를 빼고난 다음의 획수에 따라 적은 것에서부터 많은 것으로 배열하였다. 자의를 모르기 때문에 자전을 찾게 되는데 자의에 따라 배열한『설문』에 비하여 편리한 점이 많았다.

현대 자전의 부수 수

中华大字典	辞源	辞海	新华字典
214部首	214部首	214部首	189部首

한자의 배열법[17]

部首法	音序法
康熙字典 214부 辞海(修订本) 250부 汉语大字典 200부 汉语大词典 200부 汉字统一部首表(草案) 201부	新华字典 现代汉语词典 中国大百科全书

부수는 문자(합체자)의 기본성분일 뿐만 아니라, 매 부수는 또한 부수에 속한 모든 글자의 공통된 기본성분이다. 그러므로 부수는 식자(识字)의 근본이고 또한 모든 중문 편목에 대한 검자색인(检字索引)과 관련이 있다.[18] 1956년 6월 5일 교육부에서 공포한 「상용자표(常用字表)」(부록2) 에는 2000자를 198개 부수에 귀납시켜 배열하였다.

부수의 운용

한자 쓰기가 편리	사전 찾기 편리	컴퓨터 입력에 도움[19]
[한자교육]	[사전편찬]	[정보처리]

부수로써 자전에서 한자를 찾는 순서

1	2	3	4	5	6
한자의 부수 확정	부수의 필획수 확정	「부수목록」 찾아보기	「검자표」 찾아보기	부수 이외의 필획수로 쪽수 확정	해당 쪽수에서 한자 보기

17)

部首 배열	笔划 배열	四角号码 배열	字音 배열

18) 자전에서 한자 찾는 법

부수에 의거	총획수에 의거	필형에 의거	독음에 의거
부수, 필획 순	(보조)	총획수, 필형	한어병음, 주음부호

19) 한자를 컴퓨터에 타자하여 입력하는 방법으로 '자근법'(字根法)을 채택하고 있다. 이 방법은 편방(부건) 분석을 바탕으로 만든 것이어서 표음문자에 못지않게 입력 속도가 빠르다.

한자를 무리 없이 바르고 아름답게 쓰기 위해 필순(글자를 쓰는 순서)이 정해져 있다. 한자를 처음 배울 때 틀린 순서로 익혀 두면 그 버릇은 좀처럼 고쳐지지 않는다. 그 구체적인 순서는 다음과 같다.[20]

필순(笔顺)

위를 먼저 쓰고 아래를 다음에 쓴다	왼쪽을 먼저 쓰고 오른쪽을 나중에 쓴다	바깥쪽을 먼저 쓰고 안쪽은 나중에 쓴다
言	仁	回

水	亅	刁	才	水								4획
母	乚	口	毌	毋	母							5획
字	丶	丷	冖	宀	宁	字						6획
张	㇇	㇆	弓	弓	弓	张	张					7획
姐	𡿨	女	女	如	妞	姐	姐	姐				8획
病	丶	亠	广	疒	疒	疒	疒	疒	病	病		10획
牌	丿	丿	爿	片	片	片	片	片	牌	牌	牌	12획

20) 1. 왼쪽에서 오른쪽으로 쓴다. 2. 위에서 아래로 쓴다. 3. 왼쪽과 오른쪽이 대칭되는 글자는 그 가운데를 먼저 쓰고 그 다음에 왼쪽 마지막으로 오른쪽을 쓴다. 4. 가로획과 세로획이 만난 때에는 가로획을 먼저 쓴다. 5. 삐침과 파임이 만날 때에는 삐침을 먼저 쓰고 파임을 나중에 쓴다. 6. 가로획보다 삐침을 먼저 쓴다.(삐침이 짧을 때 - 삐침 먼저, 삐침이 길 때- 삐침 나중에) 7. 가운데를 꿰뚫는 세로획은 나중에 쓴다. 8. 글자의 허리를 끊는 가로획은 나중에 쓴다. 9. 오른쪽 위의 점은 나중에 찍는다. 10. 받침은 나중에 쓴다. 11. 위에서 아래로 에워싼 획을 먼저 쓴다. 12. 둘레를 에워싼 글자들은 바깥쪽을 먼저 쓰지만 아래 획은 가장 나중에 쓴다.

필순규칙

先上 后下	先左 后右	先横 后直	先横 后撇	先别 后内	先外 后内	先中间 后左右	先断点 后四点
天 下 立	和 河 明	干 木 末 十 下	夫 有 丈	入 欠 来	冈 用 句 区 内	小 山 水 乘	立 永 主 燕 鱼 马

한자의 필순 학습을 위한 '필순가'(笔顺歌)[21]

写字应当讲笔顺 掌握规则必有神 先横后竖上到下 先撇后捺左右分 写完中间再两边 要让中间大而沉 从外到内要记住 进了屋子再关门	Xié zì yīng dāng jiǎng bǐ shùn Zhǎng wò guī zé bì yǒu shén Xiān héng hòu shù shàng dào xià Xiān bié hòu nà zuǒ yòu fēn Xiě wán zhōng jiān zài liǎng biān Yào ràng zhōng jiān dà ér chén Cóng wài dào nèi yào jì zhù Jìn le wù zi zài guān mén

한자의 필형 학습을 위한 필획표

丶	一	丨	丿	㇏	㇕	㇀	㇂
디엔 点 diǎn	헝 横 héng	쑤 竖 shù	피에 撇 pié	나 捺 nà	저 折 zhé	티 提 tí	고우 钩 gōu
점	건너금	내리금	삐침	벌림	구부리기	쳐들기	꺽이

丶	㇀	一	一	丨	丨	丿	丿	㇏	㇏	㇕	㇗	㇀	㇙	㇖	㇚	㇟
斜点	左点	长横	短横	长竖	短竖	平撇	竖撇	斜捺	平捺	横折	竖折	斜提	竖提	横钩	竖钩	竖弯钩

현대통용한자의 필획수

최소		최다
一 乙	…	齉(낭, ráng)
1획	(평균획수 : 10.75획)	36획

---

21) 시에 쯔 잉 당 쟝 비 쑨 / 장 워 구이 저 삐 요우 선 / 시엔 헝 호우 수 쌍 따오 쌰 / 시엔 비에 호우 나 주오 요우 펀 / 시에 완 중 지엔 짜이 량 비엔 / 야오 랑 중 지엔 따 얼 천 / 충 와이 따오 네이 야오 찌 쭈 / 찐 러 우 즈 관 먼

한자의 필획이 번다하고 (어떤 것은) 그 구조가 비슷하여 한 점, 한 획의 차이로 틀린 글자가 되든가 다른 글자가 되어버린다.

己	已	巳
기 jǐ	이 yǐ	사 sì

天	太	王
≠ 大 夭 无	≠ 大 犬 尤	≠ 壬 玉 主

번체자의 간화법 중에 필획의 감소 역시 이러한 착오를 줄이는 주요 방법이기도 하다.

필획 감소의 예			
亿 ←-- 億	响 ←-- 響	宝 ←-- 寶	汉 ←-- 漢

여기에 자형을 분별하고 기억을 돕기 위해 만들어진 구결 하나를 소개한다. 통속적이고 생동감이 있으며 자형 판별에 도움을 준다.

한자의 자형 학습을 위한 '口诀'[22]

卩旁叩刦御卿	Jié páng kòu què yù qīng
在左为阝(阜)不同形	Zài zuǒ wéi fù bù tóng xíng
水伴暴滕黎泰黍	Shuǐ bàn bào téng lí tài shǔ
忝添恭慕下为心	Tiǎn tiān gōng mù xià wéi xīn
舀滔稻蹈臼上爪	Yǎo táo dào dǎo jiù shàng zhuǎ
陷焰谄萏臼上刀	Xiàn yàn chǎn dàn jiù shàng dāo
束速餗赖中有画	Shù sù sù lài zhōng yǒu huà
朿枣棘刺策无横	Cì zǎo jí cì cè wú héng
己上全缺记杞妃	Yǐ shàng quán quē jì qǐ fēi
巳口全闭已半开	Sì kǒu quán bì yǐ bàn kāi

22) 지에 팡 코우 취에 위 칭 / 짜이 주오 웨이 프우 뿌 퉁 싱 / 수이 빤 빠오 텅 리 타이 수 / 티엔 티엔 궁 무 쌰 웨이 신 / 야오 타오 따오 따오 찌우 쌍 좌 / 씨엔 이엔 찬 딴 찌우 쌍 따오 / 수 쑤 쑤 라이 중 요우 화 / 츠 자오 지 츠 처 우 헝 / 이 쌍 취엔 취에 찌 치 프에이 / 쓰 코우 취엔 삐 이 빤 카이

한자의 수

甲骨文	说文解字
기원전 1000년	기원후 100년
4,500자	9,353자

최초로 한자에 대한 통계를 낸 것은 『설문해자(说文解字)』였다. 『설문해자』는 한대의 허신(许慎)이 A.D.100년에 편찬한 것으로 중국 최초의 가장 계통적이고 가장 완전한 자전이다.

창힐편(仓颉篇) 李斯	박학편(博学篇) 胡毋敬	원력편(爰力篇) 赵高
秦代 3,300자		

동한 说文解字	양 玉篇	북송 类篇	북송 集韵[23]
许慎	顾野王	王洙・司马光 등	丁度
9,353자	16,917자 (현재 : 22,726자)	31,319자	53,525자

남송 通志[24]	명 字汇	명 正字通	청 康熙字典
郑樵	梅膺祚	张自烈	张玉书 陈廷敬 등
24,235자 육서의 분류에 따른 통계	33,179자 214부, 필획순 배열	33,000여 자 자휘+360자, 이체자 119자, 214부	47,035자 고대 字书의 집대성, 重文 1만995자, 214부

23) 송대 정도(丁度) 등이 칙명을 받고 수정한 운서인 『집운(集韵)』은 비록 운서이지만 문자의 형체와 훈고에 치중하였기 때문에 역시 문자 연구와 훈고 방면으로 중요한 공구서이다. 『집운』에 수록된 자는 53,525자로서 고대의 수록된 자가 가장 많은 책이다.

24) 남송 정초(郑樵)가 편한 『통지(通志)』는 역대 사료를 종합한 통사로서 본기(本纪)・연

『집운』에는 이미 53,000자를 초과하였는데 거기에 기타 자서에는 수록되어 있고 『집운』에는 수록되지 않은 문자 특히 『집운』 이래로 천 년간 대량으로 생겨난 새로운 문자를 보태면 한자의 총수는 6만 자 정도가 된다. 그러나 현실 생활에서는 쓰이지 않는 글자가 대다수이다. 지금 약 900자에서 약 2400자 정도를 알면 중국 출판물의 90%에서 99%를 해독할 수 있다고 한다. 더욱이 한자의 기초자로 볼 수 있는 부수에 대한 인식만으로도 한자의 수가 많고 한자의 자체가 어렵다는 선입견을 해소하는 데 도움이 된다고 본다.

1915 (중화서국) 中华大字典	1955~1960 (일본) 大汉和词典	1968 (대만) 中文大辞典	1986 (사천・호북) 汉语大字典	1994 中华字解
欧阳傅存 등	诸桥辙次 주편	中国文化大学	徐中舒	冷玉龙
48,000여 자	49,965자 (正文+부록)	49,905자	54,678자	85,598자

육 서

육서(六书)는 주대 만기에서 한대에 이르는 시기의 사람들이 주대 이전 사람들의 한자 조자(造字) 방법과 사용 방식을 귀납해 낸 여섯 가지 조례이다.[25)]

보(年谱)・약(略)・세가(世家)・열전(列传) 등 몇 부분으로 나뉜다. '약' 부분의 한 절은 '육서'에 대하여 논술하고 있으며 수록한 24,235자를 '육서'의 분류에 의거하여 통계를 내고 설명하였다.

상형자	지사자	회의자	형성자	가차자	전주자
608자	107자	740자	21,810자	598자	372자

25) '육서'라는 명칭은 『주례・지관・보씨(周礼・地官・保氏)』에 처음 나타난다. 서한 말엽에 유흠(刘歆)은 『칠략(七略)』에서 '육서'를 "상형(象形)・상사(象事)・상의(象意)・상성(象声)・전주(转注)・가차(假借)"로 해석하였는데 이것이 '육서'에 대한 최초의 해석이다. 동한의 정현(郑玄)은 『주관해고(周官解诂)』에서 '육서'를 "상형(象形)・회의(会意)・

육서의 명칭 및 순서

刘歆 『七略』	郑玄 『周官解诂』	许慎 『说文解字·敍』
1. 象形 2. 象事 3. 象意 4. 象声 5. 转注 6. 假借	1. 象形 2. 会意 3. 转注 4. 处事 5. 假借 6. 谐声	1. 指事 2. 象形 3. 形声 4. 会意 5. 转注 6. 假借

중국 고대의 한자는 대부분이 상형으로 만들어진 글자이다. 예컨대 日 月 木 水 火 手 口 刀 등이다. 이러한 상형자에 다른 성분이 첨가되어 새로운 글자가 생겨났다. 예컨대 刃(指事) 采 · 牢(会意) 등이다. 또한 성음을 첨가하는 '형성'도 나타났다. 예컨대 江 河 松 柏 등이다. 그러나 한자의 기초는 역시 자형(字形)으로 한자의 의미는 대부분 자형으로부터 짐작해낼 수 있다. 예컨대 东 莫(暮) 尹 父 君 등이다.

독체자 [상형, 지사]	합체자 [회의, 형성]
한 개의 최소 부건(편방)으로 이루어진 글자 心 女 力 …	두 개 혹은 그 이상의 부건(편방)으로 이루어진 글자 好 谢 衫 …

전주(转注) · 처사(处事) · 가차(假借) · 해성(谐声)"이라고 하였다. 또한 동한의 허신(许慎)은 『설문해자 · 서(说文解字 · 敍)』에서 유흠과 정현이 정한 명칭을 수정하여 '육서'를 "지사(指事) · 상형(象形) · 형성(形声) · 회의(会意) 전주(转注) · 가차(假借)"라고 하고 각 서(书)마다 정의를 내렸다. 그 후로 역대의 학자들은 일반적으로 모두 허신이 '육서'로 정한 명칭을 채택하고 유흠이 '육서'로 배열한 순서를 채택하였다. 그리하여 '육서'의 명칭과 순서는 바로 "상형 · 지사 · 회의 · 형성 · 전주 · 가차"이다.

好		谢			衫	
女	子	言	身	寸	衣	彡
부건	부건	부건	부건	부건	부건	부건
부수	-	부수	-	-	부수	-

육서 중에 상형(象形) 지사(指事) 회의(会意) 형성(形声)은 한자를 만드는 방법이고, 전주(转注) 가차(假借)는 한자를 사용하는 방법이다.

한자의 조자법 · 운용법

조자법				용자법	
'문'을 만드는 방법		'자'를 만드는방법		문자를 사용하는 방법	
象形	指事	会意	形声	转注	假借

↑

四体二用说
청대 대진(戴震) · 단옥재(锻玉裁)

「설문해자서」의 '8자 정의'

상형	지사	회의	형성
画成其物 随体诘诎	视而可识 察而见意	比类合谊 以见指撝	以事为名 取譬相成
모양에 따라 그 사물을 그려 놓은 것	보아서 식별할 수 있고 살펴서 알 수 있는 것	서로 관련 있는 문자를 비교하여 뜻을 모아 공통된 의미를 찾아내는 것	사물의 종류에 따라 조자하고 음이 비슷한 것을 취하여 문자를 이루게 한 것
日 · 月	上 · 下	武 · 信	江 · 河

전주	가차
建类一首 同意相受	本无其字 依声托事
성이나 운이 같은 어기(语基)에 속하고 쌍성·첩운 또는 동음으로 그 뜻이 서로 통하여 수용할 수 있는 것	본래 그 글자가 없어서 이미 만들어진 동음자로써 아직 만들어지지 않은 문자를 대신하는 것
考·老	令·长

1. 상형

상형은 실물의 모양을 본뜬 것으로 선과 부호로써 객관적 사물을 구체적 형상으로 그려내는 것이다. 이러한 방법으로 만들어진 글자가 바로 상형자이다.

⊙(日)	(月)	(牛)	(羊)
해의 모양을 본뜬 것으로 '○'는 그 윤곽을 그린 것이고 '·'는 흑점을 그린 것이다	달의 모양을 본뜬 것으로 둥글 때가 드물고 기울어진 때가 많으므로 반원형으로 표시하였다	소의 머리를 본뜬 것으로 위는 두 뿔이 위로 굽은 것을 그렸고 아래에는 두 귀를 그렸다	양의 머리를 본뜬 것으로 위는 두 뿔이 아래로 굽은 것을 그렸고 아래에는 두 귀를 그렸다.
(어떤 것은 사물이 갖고 있는 특징 부분만 그렸다)			

간략화·특징화·정형화 [서사(书写)의 편리]

독체상형 木	증체상형 果	합체상형(회의) 众
文 독체자		字 합체자

상형은 원시적인 조자법으로 한계성을 띠고 있어서 쓰기가 불편하며 어떤 사물은 그려낼 수조차 없다. 이것이 상형자의 발전이 지장을 받았던 이유이다. 상형자는 비록 많지 않으나[약 5/100(364자/9353자 『설문해자』,[26] 한대 이후 다만 '伞' '凹' '凸' 등 소수의 몇 자만 만들어졌다] 한자 조자의 기초인 것이다.[27]

表形 →	表意
상형자	지사자, 회의자

2. 지사

'상사'·'처사'라고도 부른다. 지사는 바로 상징적인 부호를 이용하여 의의를 나타내는 것이다. 비교적 추상적인 개념은 상형의 방법으로는 그려내기 어려워서 간명한 부호로써 가리키는 개념을 표시하였다. 이러한 방법으로 만들어 낸 글자가 지사자이다.

[전부 의상(意像)]

 (上)	 (下)
횡선과 괄호는 순수한 부호이다	
괄호 위에 짧은 횡선으로 "위에 있다"는 처소를 가리킨다	괄호 아래에 짧은 횡선으로 "아래에 있다"는 처소를 가리킨다

26) 청대 왕균(王筠 : 1784~1854)의 통계에 따르면 설문해자 9353자 중 상형자는 364개이고 지사자는 125개이다. 회의자는 1167자이고 형성자는 7697자이다.

독체자	합체자
364+125=489	1167+7697=8864

27) 상형자

한자의 构成 성분	한자의 组成 요건	한자의 造成 부위
人	贝	马
企 余 伦 伞	财 赚 贸 败	骊 驾 妈 驰

[하나의 문자에다 의상을 보탠 것]

 (未)	 (天)
한 그루 나무 윗 쪽에 짧은 선을 그어 뻗어난 가지의 줄기를 나타낸다 ≒ '末'	'大'는 정면에서 본 사람의 형상이고 'ㅁ'은 사람의 머리를 나타낸다

[하나의 사물 형상 위에 의상을 보탠 것]

 (至)	 (而)
하나의 횡선을 그려 지평선을 나타내고 다시 그 위에 화살촉을 향하게 그려서 화살이 땅에 닿았다는 것을 나타낸다	양볼 아래로 처지는 털을 가리킨다. '一'을 써서 한계를 그려내어 그곳 이하의 털, 즉 구렛나루 볼수염이다

<table>
<tr><td>독체지사
上</td><td>증체지사
本</td><td>합체지사(회의)
卡</td></tr>
<tr><td colspan="2">文
독체자</td><td>字
합체자</td></tr>
</table>

지사는 상징성의 부호로써 의의를 표시하기 때문에 이러한 조자 방법은 제약이 있어서 자수가 비교적 적다.

상형 · 지사의 구분

상형	지사
物象 实 관찰	意象 虛 상상

실제의 물건을 관찰하여 얻어진 형상	'意构'를 상상하여 얻어진 형상
대표되는 물건의 모양을 그려놓은 글자	구체적인 필획으로 추상적인 뜻을 나타낸 글자

3. 회의

'상의'라고도 부른다. 회의는 바로 둘 혹은 둘 이상의 독체자(独体字)를 조합하여 새로운 추상적인 의의를 표시한다. 이러한 방법으로 만들어 낸 글자가 바로 회의자이다.

 (从)	 (休)
앞뒤로 두 사람이 있으니 서로 따른다는 의미를 나타낸다	한 사람이 나무에 기대어 있으니 쉬고 있다는 의미를 나타낸다

 (见)	 (祝)
아래는 측면의 사람 모습이고 위는 눈을 크게 부릅뜬 눈(目)으로 '본다'는 것을 나타낸다	아래는 측면의 사람 모습이고 위는 입(口)의 모양으로 꿇어 앉아 기도한다는 것을 나타낸다

회의의 방법은 비록 상형자의 사용 효율을 크게 향상시켰으나 그것은 나름대로의 한계성을 지니고 있었다.(1167자/9353자) 객관적인 사물은 복잡하므로 한 글자로 복잡한 의의를 표시하는 것은 쉽지 않은 일이었으며 어떤 때에는 글자를 만들어 내어도 그것이 표시하는 의의가 모호하여 알기가 몹시 힘이 들었다.

同体会意	异体会意
炎 林	秋 休

「다중회의자」의 예

<table>
<tr><th colspan="5">智</th></tr>
<tr><td>自</td><td colspan="2">亏(于)</td><td colspan="2">知</td></tr>
<tr><td></td><td>丂</td><td>一</td><td>口</td><td>矢</td></tr>
<tr><td></td><td></td><td></td><td></td><td>入</td></tr>
</table>

4. 형성

'상성'·'해성'이라고도 부른다. 형성은 바로 반형(半形)·반성(半声)의 뜻이다. 형성은 두 가지 편방으로 구성되는데 그 하나는 형방(形旁 : 또는 义符)이고 다른 하나는 성방(声旁 : 또는 声符)이다. 형방은 사물의 유속(类属) 또는 의의를 표시하고 성방은 사물의 독음을 표시한다.

형성자의 예

泳·材·扶·吐·忠·岭	
형방 표의 기능	성방 표음 기능
氵(水)·木·才(手)·口·心·山	永·才· 夫·土·中·令

吗(ma)	码(mǎ)	妈(mā)	玛(mǎ)	蚂(mǎ)
口	石	女	王	虫
马(mǎ)				

형성자의 형방과 성방의 조합으로는 대체로 여덟 가지 방식이 있다.

1 좌형 우성	2 우형 좌성	3 상형 하성	4 하형 상성	5 내형 외성	6 외형 내성
江 河	期 功	芬 芳	想 裳	闻 问	固 圆

(가장 보편적) (가장 적다)

7 중간형 양변성	8 소형 대성
辨 辩	颖 年 布

↲

颖	年	布
禾+顷	禾+千	巾+父

형성자는 상형 · 지사 · 회의를 바탕으로 하여 생겨난 것으로 그 형방과 성방은 모두 이 세 가지에 내원을 두고 있다.

棋	抹	湘
상형(형방) 상형(성방) 木 + 其	상형(형방) 지사(성방) 手(扌) + 末	상형(형방) 회의(성방) 水(氵) + 相

형성자의 생성은 한자 발전의 전환점이다. 이것은 반의(半义) · 반음(半音)의 방법으로 조자하여 단순한 표의자에 비하여 훨씬 진보한 것이다. 형성자는 생산성도 높아서 후대에 한자 발전의 주류가 되어 현행 한자의 90퍼센트 이상이 형성자이다. 그러나 형성자도 커다란 결점을 지니고 있다. 자의와 자음의 전변으로 인하여 많은 형성자 혹은 형방이 이미 정확히 사물의 유속과 의의를 표시할 수 없게 되었거나 성방이 이미 자의 독음을 정확히 표시할 수 없게 되었다. 예를 들면 '法' · '活' · '权' · '错' · '辈' 등이 바로 그러하다.

상형	지사	회의	형성
80/100			20/100

갑골문

⇩

상형	지사	회의	**형성**
364자	125자	1167자	7697자
20/100			80/100

『설문해자』

⇩

상형 지사 회의	**형성**
5/100	95/100 이상

현재 6만자

상형자, 지사자 → 형성자

뜻과 음이 서로 만나서 만들어진 형성자가 대다수를 차지하게 되었다.[28)]

「형성+회의」의 예

恩		
心	因	
	口	大

5. 전주

전주에 대한 해설이 다양하다. 비교적 널리 통용되는 전주에 대한 해석으로는 부수(部首)가 같고 의의가 같은 자로서 서로 주석할 수 있는 자를 가리킨다는 것이다.

형태	考	老	다르다 (동일부수)
성운	kǎo	lǎo	같다(첩운)
의의	考는 老의 뜻	老는 考의 뜻	같다(늙다, 늙은이)

顶 - 颠	妹 - 媢
부수가 모두 '页'이며 의의는 모두 '꼭대기'라는 뜻이다. 그래서 '顶'과 '颠'은 전주자가 된다	부수가 모두 '女'이고 의의가 모두 자신보다 나이가 적은 여성을 일컫는다. 그래서 '妹'와 '媢'는 전주자가 된다

字音이 같거나 비슷하여 字义도 서로 해석할 수 있다	声은 다르나 韵이 같고 의의도 서로 통할 수 있다	字音이 같다
更 - 改, 纤 - 细	刷 - 刮, 明 - 炳	諆 - 欺, 捙 - 探

28) 刘志诚, 『汉字与华夏文化』, 成都 : 巴蜀书社, 1995.5. 40쪽 참조.
형성자의 비율

은상 갑골문	주대 금문	한대 설문해자
27%	약 40%	81%

전주의 원칙에 근거하여 결코 새로운 글자를 만들어 낼 수 없으므로 전주는 실제로 조자법(造字法)이 아니라 용자법(用字法)이다.

6. 가차

가차는 동음자로 대체하는 것이다. 구어에는 이러한 단어가 있으나 자전에는 이러한 자가 없어서 그 성음에 따라서 자전에서 동음자를 찾아내어 그 의의를 표시하는 것으로 예를 들면 다음과 같다.

 (自)	 (来)	 (北)	 (其)
본래는 '鼻'의 상형자였으나 후래에 '自己'의 '自'로 가차 되었다	본래는 '麦'의 상형자였으나 후래에 '来往'의 '来'로 가차 되었다	본래는 두 사람이 등을 맞대고 있어 상반(相反)의 뜻을 나타낸 회의자였으나 후래에 방위사 '北'으로 가차 되었다	본래는 '簸箕'의 상형자였으나 후래에 대사(代词) '其'로 가차되었다

가차자의 출현은 어느 정도 한자 조자법의 한계성을 보완해 주었고 한자의 사용 범위를 확대시켜 한자가 표의에서 표음의 방향으로 발전하는 추세를 촉성시켰다. 그러나 가차는 단지 이미 있는 문자를 빌려 조자하려는 문자를 대체하는 것이어서 새로운 문자가 만들어지지 않으므로 역시 조자법이 아니고 용자법으로 볼 수 있다.

가차자의 예

甲 乙 丙 丁	亦 勿 来 易
东 西 南 北	都 会 能 啊
之 乎 者 也	咖啡 纽约 丁冬 哗啦
主 其 要 莫	

가차 · 전주의 구분

가차	전주
빌려 쓰기, 끌어 쓰기	좀 더 변용하여 쓰기

'육서'는 전인들이 한자를 연구하여 귀납해 낸 여섯 가지의 조자 조례로서 결코 '육서'가 먼저 있고 나중에 문자가 생긴 것이 아니다. 비록 '육서'의 이론이 완벽한 것이 아니고 여섯 가지의 조자 조례 자체도 많은 한계성을 지니고 있지만, 이것은 전인들이 한자를 연구한 성과로서 우리들이 한자의 구조 체계와 발전 규율을 진일보 연구하고 한자를 정확하게 운용하고 한자 규범화를 실행하기 위해서 '육서'는 여전히 중요한 참고 자료로서 가치를 지니고 있다.

	은상 갑골문		송 六书略	
	자수	%	자수	%
상형	227	22.6	608	2.5
지사	20	1.6	107	0.4
회의	396	32.3	700	3.1
가차	129	10.5	598	2.5
형성	334	27.3	21810	90
전주	0	0	372	1.5
(미상)	70	5.7	0	0
총계	1126	100	100	100

(李孝定, 『汉语史话』)[29)]

29) 刘志成, 『汉子与华夏文化』, 成都 : 巴蜀书社, 1995.5. 40쪽 참조.

육서 운용의 예

(姓)	
(女)	(生)
(会意)(形声) 어머니를 나타내는 母 + 물이 솟아나는 모습	
姓의 결정이 모계로 이어진다는 의미	

혈연혼(血缘婚) → 족외혼(族外婚) → 대우혼(对偶婚)
모계씨족사회

인류의 원시 사회 초기는 모계사회였다. 한자 '姓'(성) 자는 '女'(여)자와 '生'(생)자에서 온 것인데 이것을 통해 여성에 대한 숭배를 가늠할 수 있다. 중국 고대 최초의 성씨에도 '女'자가 들어 있다. 예를 들면 姚(요)·姬(희)·姜(강)·嬴(영)·姒(사) 등이다.

(父)	(尹)	(君)
又 + 丨 이끌고 가르친다 통솔한다	又 + 丿 일을 처리하다 다스리다	尹 + 口 명령을 발하다

(又)
父 (尹) 君 家(가정) 国(국가)

고문자 중 '父'(부)와 '尹'(윤)은 자형과 자의가 비슷한데 모두 '다스리다'는 뜻을 나타낸다. 또 '尹'자 아래에 '口'(구)자를 보태어 호령을 발하다는 의미를 나타내었는데 이것이 바로 '君'(군)자이다.[30]

 (数)	
 +	 (又+卜)
막대기+ 매듭	(형성)

좌변은 막대에 많은 매듭을 지은 것으로 아래위는 갈라진 줄 끝이다. 우변은 후에 전문(篆文) 攴(又+卜)로 바뀌었다. 又는 오른손이다. 전체적인 의미는 손으로 매듭을 만들어 수를 셈하는 모습을 나타낸 것이다.

 (规)	 (矩)
손에 규를 쥐고 원을 그리는 모습	곱자를 본뜬 모양
규(规)는 원을 그리는 도구이고 구(矩)는 네모를 그리는 도구이다	

전설에 따르면 복희씨가 수학에 관한 2가지 중요한 발명을 하였는데 그 하나는 결승(结绳)이고 다른 하나는 규구(规矩)였다고 한다.

 (美)
 (羊) +  (大) (会意)
大는 사람(성인)의 모양을 본뜬 글자 ① 사람이 산양을 순하게 길들인다 ② 사람이 양의 머리 혹은 뿔로 만든 장식품을 지닌다

앙소문화유적에서 출토된 도기에 다양한 색채의 사슴무늬와 물고기무늬 같은 장식 도안이 많았다. 이는 원시인들의 색채와 선에 대한 식별력과 심미의식을 잘 나타낸 것이라 한다.

---

30) "父, 巨也。家长率教者, 从又举杖。" "尹, 治也。从又丿, 握事者也。" "君, 尊也。从尹口, 口以发号。"(『说文解字』)

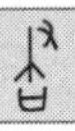 (书)[31]	 (画)[32]
먹과 붓으로 동일한 효과  (聿)	
聿 : '笔'자의 본래 글자 ( + 一) 글 쓰는 데 쓰이는 것 巾(천) 또는 一(나무쪽)	

상형문자의 특징은 사물의 모양에 따라 글자가 만들어진다는 것이다. 이것은 고정된 도안이 고정된 의미를 나타내는 것으로 그 특징을 부각시킨 것이어서 도화문자보다 발전한 것이다. 즉 상형문자는 선으로 사물을 그려낸 것이다.[33]

 (占)	
 (卜) +  (口) (회의)	
귀갑이 갈라진 형상 (상형)	입의 형상 (상형)

31) 손에 잡은 붓이 먹물병 위에 있는 모양이며, 점은 먹물을 묻혀야 글씨를 쓸 수 있다는 뜻이다.

32) 손에 붓을 잡고 도형을 그린다는 뜻을 나타낸다. 소전의 자형은 손에 긋는 도구를 잡고 밭의 경계(윤곽)를 긋는 다는 것을 뜻한다.

33) 중국 문자는 그 자체가 바로 예술적 표현이었으니 갑골문, 금문, 전서, 예서, 해서, 초서 모두 예술적으로 뛰어난 성과를 이룬 것이다.

'占'(점)이라는 글자는 균열이 생긴 동물의 뼈를 상형한 문자에서 생겨났다고 한다.[34] 처음에는 소와 사슴의 어깨뼈를 사용하다가 나중에 거북의 껍질이 사용되었다.

34) 거북점에 나타나는 조짐의 형상

雨(우)	霽(제)	蒙(몽)	驛(역)	克(극)
비가 내리는 것 같은 무늬	비가 막 개인 것 같은 무늬	흐릿하고 낮게 나는 균열의 소리	끊어졌다 이어졌다 하며 나는 균열의 소리	가로세로로 뒤섞여 있는 무늬

중국문자학 간사(简史)

고대기	근대기	현대기
기원전 3세기~기원후 17세기	17세기~1898	1898~현재

진한위진대(秦汉魏晋代 : 기원전221~기원후220)에 언어학 방면으로 양웅(扬雄)·허신(许慎)·유희(刘熙) 등의 언어학자가 나타났다.[35] 선진(先秦) 시기는 중국 고대 언어학이 싹트는 단계였고, 진한(秦汉) 시기에 이르러서야 언어학이 점차 흥성하게 되었다. 진시황(秦始皇)이 중국을 통일한 다음 이사(李斯)의 의견을 받아들여 "같은 문자를 쓰는"(书同文) 정책을 추진하여 소전(小篆)을 정자(正字)로 삼고 기타의 이체자(异体字)를 도태시켰다. 진한 시대에는 문자 교육을 중시하여 『창힐편(仓颉篇)』·『급취편(急就篇)』 등 여러 가지 문자 교과서를 편찬하였다.

진대의 문자교과서

삼창(三仓)		
仓颉篇(李斯)	爱历篇(赵高)	博学篇(胡毋敬)

↘ ↓ ↙

仓颉篇

진한	
仓颉篇	急就篇

35) 진한위진대의 저명 인물

문학자	수학자	천문학자	의학자	언어학자
司马迁	张苍	张衡	张仲景 华陀	扬雄 许慎 刘熙

한대의 문자교과서

사주편(史籀篇)	창힐편(仓颉篇)	급취편(急就篇)
(전국 시기)	55장 3,300자	사유(史游)

삼창(三仓)		
上卷	中卷	下卷
仓颉篇	训纂篇(扬雄)	滂喜篇(贾鲂)
55장 3,300자	34장 2,040자	34장 2,040자

(7,380자)

训纂篇 (5,340자)	续训纂篇 (6,180자)

언어학 방면의 주요 저작으로는 서한(西汉) 때에 『이아(尔雅)』와 양웅의 『방언(方言)』이 있었고, 동한(东汉) 때에 허신(许慎)의 『설문해자(说文解字)』와 유희(刘熙)의 『석명(释名)』 등이 있었다.

한대 언어학 방면의 주요 저작

尔雅	方言	说文解字	释名
현존하는 최초의 训诂书	방언 어휘를 비교한 전문서	최초의 문자학 전문서	한어 어원을 탐구한 전문서
(周公, 孔子)	扬雄	许慎	刘熙

『이아』는 경전을 해석하기 위한 중국 고대 최초의 전문서이자 자의(字义)와 어휘를 연구한 최초의 언어학 전문서이다. 『방언』은 방언 어휘를 비교한 전문서로서 그 체례는 『이아』를 모방하였다. 본래의 서명은 『輶轩使者绝代语译别国方言』으로 서한의 양웅이 지었으며 현존본은 13권으로 되어 있다.

『이아』

석고(释诂)·석언(释言)·석훈(释训)·석친(释亲)·석궁(释宫)·석기(释器)·석악(释乐)·석천(释天)·석지(释地)·석구(释丘)·석산(释山)·석수(释水)·석초(释草)·석목(释木)·석충(释虫)·석어(释鱼)·석조(释鸟)·석수(释兽)·석축(释蓄)
모두 19편, 2,091조, 4,300여 단어 수록

『방언』

단어 혹은 구	복제(服制)	기물(器物)	병기(兵器)	벌레
권1·2·3·6·7·10·12·13	권4	권5	권9	권11

방언사전 약 9,000자 수록

『설문해자』 본문이 14권이고 서목은 1권이다. 현존하는 송초 서현(徐铉) 교정본은 권마다 상·하로 나뉘어져 있고 9,353자를 수록하고 있으며 중문(重文)이 1,163자이다.[36] 문자의 형체와 편방(偏旁)의 구조에 의거하여 540부로 나누는 부수(部首) 배열법을 창시하였다. 자체(字体)는 소전(小篆)을 위주로 하고 고문(古文)과 주문(籀文) 등의 이체자(异体字)를 중문에 열거하여 참고하였다.[37] 부수의 전후 차례는 대체로 "형태에 의거하여 배열"하였다. 각 부수 중에서 의의가 비슷한 자를 함께 배열하다. 『설문』의 석자(释字)는 먼저 부수를 분석하고, 이 부수에 속한 모든 글자는 소속에 따르며, 의미상으로도 서로 관련되어 있음을 설명하고 있다. 『설문』은 각 글자에 대하여 먼저 자의를 풀이하고, 그 다음에 육서의 원리에 의거하여 자형을 분석하였다. 어떤 때에는 글자의 독음도 제시하였다.

36) 중문(重文)의 예 : 「話」「譮」 同字, 「然」「蘸」 同字.

37) 공자 벽중서(壁中书)에 나타난 고문 500여자, 주문 223자를 싣고 있다.

『설문해자』의 연구분야			
字形 분석	字源 考究	字音 注	字义 해석
설문 4대가 단옥재(段玉裁), 계복(桂馥), 주준성(朱骏声), 왕균(王均)			

『설문해자』 조자법 설명의 주요 유형

从AB 从A, 从B	从A省, (从)B	从AB, B亦声	从A, (从)B声	从A省, B声
회의자	생체회의자	겸성회의자	형성자	생체형성자
A(뜻)B(뜻) 두 글자를 합하여 새로운 뜻을 나타낸다	A(뜻)자에서 어떤 획을 생략하고 B(뜻)자와 합한다	B자가 뜻과 음을 동시에 겸한다	A(뜻)자에 B(음)자를 합한다	A(뜻)자에서 어떤 획을 생략하고 B(음)자와 합한다

"从A, 从B"의 예	"从A,(从)B声"의 예
明	河
从日, 从月	从水, 可声

『설문』이 후대에 끼친 영향				
최초의 문자학 전문서로서 고문자(古文字)를 기록하여 후대 선진의 고문자를 연구하는 근거를 제공	한자의 자형 구조에 대한 분석을 통하여 규율을 찾아내었고 분부(分部)를 처음 창안	자형·의의·성음 삼자간의 상호 관계를 연구하는 방법을 제시	자형·의의·성음 삼자간의 상호 관계를 연구하는 방법을 제시. 자의 해설에 쌍음절사(双音节词) 운용	당시의 문자에 대한 규범을 통일시키는 작용

유희의 『석명』은 한말에 나온 한어 어원(语源)을 탐구한 전문서로서, 어원학의 관점으로 훈고를 연구하고, 음이 같거나 비슷한 자로써 자의를 해석하고, 아울러 당시의 어음(语音)과 고음(古音)의 이동(异同) 관계에 주의를

기울였다. 그 체례는 『이아』를 모방하여, 음훈(音训)으로 사물의 명명(命名)한 까닭을 탐구하였다. 『석명』은 성훈을 창시하여, 후대에 "소리로써 뜻을 구하는"(以声求义) 계발 작용을 하였다.

『석명』

1	2	3	4
석천(释天)·석지(释地)·석수(释水)·석구(释丘)·도(释道)	석주국(释州国)·석형체(释形体)	석자용(释姿容)·석장유(释长幼)·석친속(释亲属)	석언어(释言语)·석음식(释饮食)·석채백(释采帛)·석수식(释首饰)
5	**6**	**7**	**8**
석의복(释衣服)·석궁실(释宫室)	석상장(释床帐)·석서계(释书契)·석전예(释典艺)	석용기(释用器)·석악기(释乐器)·석병(释兵)·석차(释车)·석선(释船)	석질병(释疾病)·석상제(释丧制)
27편, 8권, 명물(名物)과 전례(典礼)를 해석한 것 1,502가지			

『석명』의 주요 성훈 방식

방언으로 바꾸어 해석하는 것	음의(音义)로써 순서대로 해석하는 것	동의(同义)로써 비유하는 것	단자(单字)로 해석하고 다시 해석을 가하는 것
예 兖州人谓泽为掌。(释水)	예 尔, 昵也; 昵, 近也。(释典艺)	예 幄,屋也,形如屋也。(释床帐)	예 日, 实也。光明盛实也。

한대 전후 시기 중국언어학의 성과			
이아	방언	설문해자	석명
훈고파	(훈고/문자/음운)	문자파(정통파)	↳ 음운파
현존 고대 언어학 最古의 저작 내용은 풍부하고 체제도 각기 새로이 창안 후대 언어학계에서 훈고학 문자학 어휘학 음운학 등의 방면을 연구하기 위한 기초			

↓

晋 吕忱	梁 顾野王
『字林』	『玉篇』

한말・위진대의 언어 연구의 주요 업적은 여전히 문자와 훈고 방면에 있었다. 예를 들면, 진(晋)의 여침(吕忱)은 『자림(字林)』을 지었고, 위(魏)의 장읍(张揖)은 『광아(广雅)』10권과 『공총자(孔丛子)』에 수록된 『소이아(小尔雅)』를 지었다. 육조(六朝) 시대의 주요 저작으로는 양(梁) 고야왕(顾野王)의 『옥편(玉篇)』이 있었고, 수당(수唐) 시대에는 훈고학 방면으로 공영달(孔颖达)의 『오경정의(五经正义)』가 있었다. 오대(五代)와 송초(宋初)에는 문자학자 서현(徐铉) 서개(徐锴)가 『설문해자』를 정리 연구하여 성과가 있었으며, 정자법(正字法) 방면으로 당(唐) 안원손(颜元孙)이 『우록자서(于禄字书)』를 지었고, 송(宋)의 왕수(王洙)와 사마광(司马光) 등은 칙명을 받들어 유편(类篇)』을 찬수하였고, 명대(明代)에는 2대 자서인 『자휘(字汇)』・『정자통(正字通)』 등이 지어졌다.

명대의 자서

자휘(字汇)	정자통(正字通)
명, 매응조(梅膺祚) 총 33,179자를 214개 부수에 나누어 실었고 각 부수마다 필획의 순으로 글자를 배열하였다	명, 장자열(张自烈) 자형 자음 자의를 전면적으로 새로 수집 『자휘』의 33,179자에 360자를 새로 추가 이체자 119자 수집

자서의 명칭

자서[38]	자전	사전
(훈고·자서·운서)	강희제 康熙字典序	근대이후
字形	'글자' 위주	사: '단어' 의 뜻

주요 대형 사전

辞源	辞海	汉语大字典	汉语大辞典
'四大'			

한자의 간화[39]

한자 간화의 목적		
한자 필획의 감소	한자 총수의 감소	한자 표음 기능의 개혁

부호화	통일화	균형화	규율화	정제화	간체화
쓰기·운용	학습	학습·쓰기			
중국어의 규범화					

간편하여 언어의 표현 효능이 향상된다

전현동(钱玄同)의 간체자 운동

1934년		1935년
「搜采固有而较为适用的简体字案」[40]	'手头字'(약자) 운동 300자 제시	第一批简体字表 324자 수록, 대체로 '手头字'와 같다

38)

义书·类书 (의미)	字书 (형태)	音书 (독음)
尔雅	说文解字	广韵·平水韵

39) 문자개혁의 3대 요건

한자의 간화	보통화의 보급	한어의 병음방안
(필획과 구조)		

간체자의 수집과 발표

1936		1937
용경(容庚) 简体字典 4,445자	진광요(陈光垚) 常用汉字表 3,150자	字体研究会 简体字第一表 약 1,700자

1952년 중국문자개혁위원회는 당시 유행하던 간체자를 수집하고 동시에 필획을 간화하고 자수를 줄일 수 있는 방안을 연구하였다.

1956.1. 汉字简化方案	1964.5. / 1986.6. 简化字总表[41]
515개 간화자와 54개 간화편방 포함	2,238자 / 2,235자

한자편방간화표[42]

(중국문자개혁위원회 1956년 1월 31일 공포)

*纟(糸)	见(見)	*讠(言)	贝(貝)	车(車)
仝(巠)	钅(金)	长(長)	门(門)	东(東)
仑(侖)	冈(岡)	戋(戔)	収(臤)	韦(韋)
页(頁)	风(風)	*饣(食)	昜(昜)	呙(咼)
马(馬)	刍(芻)	师(師)	𫇧(𤇾)	鱼(魚)
鸟(鳥)	娄(婁)	区(區)	产(産)	专(專)
发(發)	单(單)	几(幾)	乔(喬)	只(戠)
尧(堯)	当(當)	⺍(𦥯)	会(會)	肃(肅)
义(義)	坙(巠)	佥(僉)	农(農)	宾(賓)
齐(齊)	寿(壽)	监(監)	丨𠂉(臨)	齿(齒)
卖(賣)	龙(龍)	罗(羅)	亦(䜌)	

* 부호가 붙은 글자는 좌편방으로만 쓰인다

40) 「고유하면서도 적용하기 쉬운 간체자를 찾는 안」
41) 「한자간화방안」의 간체자와 간화된 부수에서 더 유추해나가 모두 2,238자 수록하고 있다. 번체자 2,264자를 간화하여 평균 필획을 반쯤으로 줄였다.
42) 蒋善国, 『汉字学』, 上海 : 上海教育出版社, 1987.8. 218쪽 참조.

번간자

繁体字 정확성	简化字 편리성

음(소리)・의(의미)는 서로 같지만 필획이 많은 것은 번체자라 하고, 필획이 적은 것은 간체자라고 한다. 간체자는 경제성과 간편성이 돋보이지만 한자 본연의 상형성이 모호해지고 전통과 단절될 수 있을 것이라는 우려는 있었다.

简体字 ⪈ 简化字[43]

1956년 1월 국무원은 한자의 간체자를 정자로 규정하는 「한자간화방안」을 공포하였다. 1964년 3월 7일 문화부, 교육부, 문자개혁위원회에서 공포한 「关于简化字的联合通知」는 간화편방의 사용 범위를 명확히 규정하였다. 이 두 가지 문건에 포함되지 않은 간체자(이전에 생겨난 간체자 포함)는 일괄적으로 이체자 또는 속체자로 간주되었다. 1964년 5월에 공포된 「간화자총표(简化字总表)」에는 2,238자(편방으로 간주되는 한자 포함)가 들어 있다. 이러한 간화자는 중국본토 상용자 규범화의 근거가 되었다. 1986년 6월 24일 2,235자로 확정되었다.

43) 여기서 말하는 '간화자'는 1956년 중화인민공화국 국무원에서 공포한 「한어병음방안(汉语拼音方案)」이 규정한 간화자이다. 중국의 현행 간체자인 간화자는 역대의 간체자와 속자를 바탕으로 형성된 것으로 「한자간화방안」 「제일차이체자정리표」 「간화자총표」를 표준으로 삼는다.

「간화자총표」의 내용

제1표 350자	제2표 146자	제3표 1753자
변과 방으로 사용하지 않는 간체자	변과 방으로 사용하는 간체자(132)와 변과 방(14)	제2표를 참고한 간화자
총 2,238자(1964)		

번체자의 간화 방법

생략	성부를 간화	초서체로 간화	부호로 간화	같은 음 또는 유사한 음으로 대체	필획수가 적은 회의자로 간화	별개의 간체자로 대체
雖→虽	種→种	書→书	歡→欢	後→后	體→体	關→关

간화자 형태의 내원

1	2	3	4
古字에서 온 것	예전에 사용된 이체자	예전에 사용된 속체자	초서체를 해서화 한 것
從→从 衆→众 網→网	無→无 萬→万 離→离	體→体 號→号 筆→笔	當→当 爲→为 應→应
5	**6**	**7**	**8**
편방·필획을 생략한 것	새로 만든 형성자, 표음부호를 포함한 것	간단한 부호로 복잡한 편방과 구조를 대신한 것	동음 대체자
雖→虽 習→习 電→电	認→认 義→义 進→进	歡→欢 聖→圣 風→风	裏→里 鬪→斗 幾→几

한편 중국문자개혁위원회와 문화부는 1955년 12월 「제일차이체자정리표」를 발표하여 상용자 3500자, 통용자 7000자로 결정하였으며 1055자를 폐기시켰다.

第一批异体字整理表	印刷通用汉字字形表
1955. 12 中国文字改革委员会 · 文化部 공포	1965. 1 汉字字形统一整理组 편성
이체자 1,865자 중 810자를 선정하고 1,055자를 폐기하였다	인쇄에 통용되는 6,196자 포함 (고적과 기타 전용자 불포함)

이체자[44] 정리의 예

간화자		번체자 또는 이체자
台	←	臺 檯 颱
蒙	←	懞 濛 矇
窓	←	窓 窗 牕 牎
자수의 감소		

표준음	표준글자
1985 普通话异读词审音表	1988 现代汉语通用字表(7000자)

44) 이체자

음이 같고 의도 같으나 형(필획)이 다른 글자[一字多形]
속체(俗体), 고체(古体), 혹체(或体), 첩체(帖体) 등

现代汉语常用字表[45)]

현대한어상용자표

国家言语文字工作委员会 国家教育委员会
(1988년 1월 26일 공포)

제1부분 常用字(2500자, 필획수 순로 배열)
一画 一 乙 二画 二 十 丁 厂 七 … 三画 三 于 干 亏 士 工 … 二十一画 蠢 霸 露 二十二画 囊 二十三画 罐
제2부분 次常用字(1000자, 필획수 순으로 배열)
二画 匕 刁 四画 丐 歹 戈 夭 仑 … 五画 艾 夯 凸 卢 叭 叽 … 二十二画 霹 躏 髓 二十二画 蘸 镶 瓤 二十四画 矗

뱌오디엔프우하오 标点符号 (문장부호)

点号 diǎnhào						
句号 jùhào	问号 wènhào	感叹号 gǎntànhào	逗号 dòuhào	顿号 dùnhào	分号 fēnhào	冒号 màohào
。	?	!	,	、	;	:
마침표	물음표	느낌표	쉼표	병렬쉼표	등분쉼표	설명쉼표
고리점			반점	모점	쌍반점	쌍점

标号 biāohào						
引号 yǐnhào	括弧 guāhào	破折号 pòzhéhào	省略号 shěnglüèhào	书名号 shūmínghào	着重号 zhuózhònghào	间隔号 jiāngéhào
“ ” ‘ ’	( ) [ ] 〔 〕【 】	—	……	《 》 〈 〉	.	·
인용부호	괄호	전환부호	생략부호	서명부호	강조부호	간격부호
겹(홑) 따옴표	원, 모, 육각, 큰네모	줄표	말줄임표	겹(홑) 서명부호	아래점	가운뎃점

45) 刘承华 编著, 『实用现代汉语知识』, 北京 : 中华书局, 1992.8. 341~348쪽 참조.

이밖에도 연결부호(连接号 : –, – –, ~)와 고유명칭부호(专名号 : ＿＿)가 있다. 「문장부호용법」 1951년 9월 공포, 1990년 3월 재 공포, 1996년 6월 시행

标点놀이

1	2	3	4	5	6	7
下雨天留客,天留我不留。	下雨天,留客天,留我不留。	下雨天,留客天,留我? 不留。	下雨,天留客,天留,我不留。	下雨天留客,天留我不?留。	下雨天留客,天留我,不留。	下雨天,留客天,留我不? 留。
쌰 위 티엔 리우 커 티엔 리우 워 뿌 리우 Xià yǔ tiān liú kè tiān liú wǒ bù liú						
문장부호 사용 위치에 따른 의미의 차이를 구분해 보시오						

清心也可以!	心也可以清。	也可以清心。	可以清心也!	以清心也可。
마음을 맑게 가져도 좋아!	마음도 맑아져요.	마음이 맑아지기도 해요.	마음이 맑아지는군!	맑은 마음으로 해도 좋아요.
칭신이에커이 Qīngxīn yě kěyǐ	신이에커이칭 Xīn yě kěyǐ qīng	이에커이칭신 Yě kěyǐ qīngxīn	커이칭신이에 Kěyǐ qīngxīn yě	이칭신이에커 Yǐ qīngxīn yě kě
문자의 순환에 따른 의미의 차이를 음미해 보시오				

Part 3
어 법

언 어	
음성언어	문자언어
백화(문)	문언(문)
口语 spoken language 구어, 입말	书面语 written language 문어, 글말

≒ 언문일치

현대한어는 구두로 의사를 표현할 때 쓰는 말인 구어가 서면어와 기본적으로 일치한다. 구어를 그대로 기록한 서면어를 백화(문)라고 부른다.

문 체	
구어체(회화체)	서면어체(문장체)
일상회화체 공식연설체	사무문체 과학기술문체 정론문체 문예문체
'입' ⇄	'문장'

현대중국어 어법의 기본 단위

语素	词	短语	句子	句群
형태소	단어	구(단어결합)	문장	단락

형태소	단어[1]
의미를 나타내는 최소의 문법단위 [독음+의미] 단음절 / 쌍음절 / 다음절 형태소　　형태소+형태소 ↓　　　　　↓ 단어　　　　단어	형태소로 구성된다 의미가 있는 최소의 언어단위 단음절어 / 쌍음절어 / 다음절어[2]
언어 중의 최소의 음과 뜻이 결합된 최소의 단위	[독립적 사용][3] 언어의 최소의 운용단위, 의미단위

단 어	
단순어	복합어 (합성어, 파생어[4])
하나의 형태소로 구성 예 : 人, 枇杷, 巧克力	둘 이상의 형태소로 구성 예 : 人民, 老虎

1)

중국어	영어	한국어
词, [语], [词语]	Word	낱말, 단어

2) 상고에는 단음절어 위주였으나 현대에는 쌍음절어와 다음절어가 대다수이다.

단음절어	쌍음절어	다음절어
人	人民	民主主义

3) 단독으로 문장을 이루거나 문장의 구성성분이 될 수 있다는 의미이다.

4)

접두어+어근	어근+접미어	어근+중첩 접미어
第一	石头	圆乎乎

	어휘 (한 언어 안의 단어와 숙어의 집합)	
형태소	단어	숙어
	하나의 단어 ≠ 어휘	기능 : 단어 ≒ 숙어
[1]가장 작은 어음어의적 결합체 [2]의미가 있는 가장 작은 언어 단위 [3]단어를 구성하는 성분	의미가 있고 단독으로 사용할 수 있는 가장 작은 언어적 단위로 일정한 뜻을 나타낸다	형식적으로는 단어결합과 비슷하다 성어 속담 헐후어 관용어 등[5)]

문언사(文言词)	방언사(方言词)	외래사(外来词)
서면어로만 쓰일 뿐이고 구어로는 드물게 쓰인다	방언단어	foreignism 외래어

외래어

음역(音译)	의역(意译)
외국어 발음을 본 민족언어의 발음과 비슷하게 변화시키는 것이다 模特儿(model) 모델 摩登(modern) 모던	외국어의 개념을 본 민족언어 고유의 조어 방법과 재료만을 사용하므로 발음상 외국어의 흔적이 없다

음역+의역	반음역+반의역	의역 부가식
幽默(humour) 유머 维他命(vitamin) 비타민	冰激淋(ice cream) 信用卡(credit card)	卡片(card+片) 카드 啤酒(beer+酒) 맥주

5)

성어	관용어	헐후어	속담
亡羊补牢 소 잃고 외양간 고치다	铁饭碗 평생직업 拍马屁 아부하다	三毛加一毛 -- 时髦(四毛) 현대적이다	一山高还有一山 산 넘어 산

어휘의 발전 · 변화

新词语 신조어, neologism[6]	旧词语 옛말, obsolete word
출현	소멸, 의미 변화

품사(词类)

단어(词)

실사 · 허사 구분의 예

实词	虚词
실재의 의미를 나타낸다 (어휘상의 의미)	단지 어법 관계를 나타낸다 (문법상의 의미)
명사 · 동사 · 형용사 · 수사 · 양사 · 대체사 (名词) (动词) (形容词) (数词) (量词) (代词)	부사 · 전치사 · 접속사 · 조사 · 감탄사 · 의성사 (副词) (介词) (连词) (助词) (感叹词) (拟声词)

실사	허사
명사 人 대명사 我 동사 吃 형용사 红 수사 一 지시사 这 구별사 男 부사 不	방위사 上 양사 个 개사 从 접속사 和 조사 的 어기사 吗
의성어 · 감탄사	

6)

사회생활의 새로운 현상	경제활동의 새로운 현상	새로운 기술을 반영
打工 아르바이트하다 试婚 계약결혼	信用卡 신용카드 商战 상업경쟁	手机 휴대폰 上网 인터넷하다

<table>
<tr><td colspan="7">实 词</td><td colspan="4">虚 词</td><td>叹词</td><td>拟声词</td></tr>
<tr><td colspan="3">体词</td><td colspan="2">谓词</td><td colspan="2">加词</td><td colspan="2">关系词</td><td colspan="2">补助词</td><td></td><td></td></tr>
<tr><td>名词</td><td>数词</td><td>量词</td><td>动词</td><td>形容词</td><td>区别词</td><td>副词</td><td>连词</td><td>介词</td><td>助词</td><td>语气词</td><td></td><td></td></tr>
<tr><td colspan="7">代词</td></tr>
</table>

실사	반실반허사	허사
명사 동사 형용사 수량사	대체사 부사	개사 접속사 조사 감탄사 의성사

1. 명사

사람 또는 사물의 명칭으로 사람, 구체적 사물, 추상적 사물, 시간 및 방위 등을 포함한다.

명사의 유형

일반명사	시간명사	장소명사	방위명사
青年	今天	教室	前面

상용 명사

교육기관 및 교육제도

요우얼위엔 幼儿园 yòu'éryuán	샤오쉬에 小学 xiǎoxué	추지중쉬에 初级中学(初中) chūjízhōngxué	가오지중쉬에 高级中学(高中) gāojízhōngxué	따쉬에 大学 dàxué
유치원	초등학교	중학교	고등학교	대학

지추짜오위 基础教育 jīchǔjiàoyù	즈이에짜오위 职业教育 zhíyèjiàoyù	가오덩짜오위 高等教育(高教) gāoděngjiàoyù	청런짜오위 成人教育 chéngrénjiàoyù

주요 도시의 명칭과 약칭

베이징 北京 Běijīng	티엔진 天津 Tiānjīn	쌍하이 上海 Shànghǎi	충칭 重庆 Chóngqīng	선양 沈阳 Shěnyáng	따리엔 大连 Dàlián	난징 南京 Nánjīng
징 京	진 津	후沪/선申	위 渝	선 沈	따 大	닝 宁

북경의 유명 쇼핑가

왕프우징	시우수이지에	시단	중관춘
王府井 wángfǔjǐng	秀水街 xiūshuǐjiē	西单 xīdān	中关村 zhōngguāncūn

음식 · 음료

미프안 米饭 mǐfàn	쟈오즈 饺子 jiǎozi	미엔탸오 面条 miàntiáo	만토우 馒头 mántou	바오즈 包子 bāozi	한바오바오 汉堡包 hànbǎobāo	비사빙 比萨饼 bǐsàbīng
(쌀) 밥	교자	국수	찐빵	(소가 든) 찐빵	햄버거	피자

니우나이 牛奶 niǔnǎi	카프에이 咖啡 kāfēi	차 茶 chá	커러 可乐 kělè	치수이 汽水 qìshuǐ	피지우 啤酒 pījiǔ	광취엔수이 矿泉水 kuàngquánshuǐ
우유	커피	차	콜라	사이다	맥주	광천수

구기운동

빵치우 棒球 bàngqiú	핑팡치우 乒乓球 pīngpāngqiú	란치우 篮球 lánqiú	왕치우 网球 wǎngqiú	파이치우 排球 páiqiú	주치우 足球 zúqiú
야구	탁구	농구	테니스	배구	축구

입상순위

꽌쥔 guànjūn 冠军	야쥔 yǎjūn 亚军	찌쥔 jìjūn 季军	띠엔쥔 diànjūn 殿军
1등, 우승	2등, 준우승	3등, 3위 입상	꼴찌, 4위 입상

해외여행

후짜오 护照 hùzhào	치엔쩡 签证 qiānzhèng	루찡카 入境卡 rùjìngkǎ	뤼싱즈퍄오 旅行支票 lǚxíngzhīpiào	선프언쩡 身分证 shēnfēnzhèng	쩡찌엔 证件 zhèngjiàn
여권	비자	입국신고서	여행자수표	신분증	증명서

학문분야

쩡쯔 政治 zhèngzhì	징찌 经济 jīngjì	커쉬에 科学 kēxué	저쉬에 哲学 zhéxué	이쑤 艺术 yìshù	쨔오위 教育 jiàoyù
정치	경제	과학	철학	예술	교육

2. 동사

동작을 나타낸다. (동작 행위, 존재 변화, 심리활동, 명령, 가능, 추향, 판단)

동사의 종류

동작 행위	존재 변화	심리활동	명령	가능 바람	추향	판단
走	有	爱	使	能	来	是

동사의 중첩
가볍고 자유스런 어기를 나타낸다 동작의 시간이 짧거나 어떤 동작을 시험 삼아 해본다는 의미를 나타낸다
AA　　A一A　　ABAB AA + □　　AA + □ ◇ "A(B)来A(B)去"

이합사(离合词)

술목구조의 합성어에는 중간에 다른 성분이 올 수 있는데 이를 이합사(이합동사)라 한다 "동사+목적어"의 형태로 이루어진다

이합사의 구조

见面 散步	抓紧 吃亏	着急 着凉
동사	동사	형용사
동사성 형태소+명사성 형태소	동사성 형태소+동사성 형태소	동사성 형태소+형용사성 형태소

이합사 중간에 올 수 있는 것

了·着·过	동량사, 시량보어[7]	한정·수식하는 성분
生了气 화를 내었다	说了半天话 한참 동안 말했다	吃了一些酒 술을 좀 마셨다

7) 이합사가 시량보어와 동량보어 또는 동태조사가 함께 쓰일 때 각기 그 위치에 주의해야 한다.

상용 동사

알다[8]
즈다오 知道 zhīdao ＜ 런스 认识 rènshi ＜ 수시 熟悉 shúxī

런스 认识[9] rènshi	랴오지에 了解 liǎojiě
주로 본 적이 있거나 아는 경우, 분명하게 식별할 수 있는 경우에 쓴다 흔히 사람·사물을 목적어로 취한다	아주 잘 알고 있다는 뜻이다 흔히 사람을 목적어로 취한다 앞에는 '深入' '细致' 등의 정도를 나타내는 부사어를 쓰지 않는다

수시 熟悉 shúxī	수리엔 熟练 shúliàn
(동사) 잘 알다, 익숙하다 사람이나 상황에 대해 깊이 숙지하고 있다	(형용사) 숙련되다, 능숙하다 일이나 행동을 자주하여 경험이 쌓이다

见过几次面	见面过几次	见过面几次
(○)	(×)	(×)

生了三个星期(的)病	生病生了三个星期	生病了三个星期
(○)	(○)	(×)

8) '知道'의 대상은 어떤 사람, 어떤 장소, 어떤 일, 어떤 물건이다. "很知道"(×) "知道知道"(×) '认识'의 대상은 어떤 사람, 어떤 장소, 어떤 물건이다. "很认识"(×) "认识认识"(○) (예: 你们俩认识认识吧。 두 사람을 서로 소개시킬 때) '认识'는 또한 사물의 본질 특징 규율을 분변·식별하는 능력을 가리킨다. "认识能力"이라고 말할 수 있다. '熟悉'은 어떤 사람 어떤 장소의 상황을 매우 잘 알고 있는 경우에 쓴다. '熟悉' 앞뒤에 정도를 나타내는 부사를 쓸 수 있다. "很熟悉"(○) "熟悉得很"(○) "熟悉熟悉"(○)(예 : 你刚来, 应该熟悉熟悉这儿的情况。)

很知道(×)	很认识(×)	很熟悉(○)
知道知道(×)	认识认识(○)	熟悉熟悉(○)

9)

1	2	3
사람을 알다	글자를 알다	길을 알다
我认识他。	我认识这个字。	我认识这个路。

<table>
<tr><td colspan="2">쥐에더 觉得[10] juéde < 런웨이 认为[11] rènwéi</td></tr>
<tr><td>느끼다</td><td>여기다
(객관적 사실이나 결론을 나타낸다)</td></tr>
</table>

<table>
<tr><td colspan="2">수오 说 shuō</td><td>까오수 告诉 gàosu</td></tr>
<tr><td>나무라다, 비난하다</td><td>~을 말하다</td><td>누구에게 ~을 말하다</td></tr>
<tr><td>说+사람</td><td>说+말의 내용</td><td>이중목적어</td></tr>
<tr><td>사람 被~说
피동</td><td>跟/和~说
~와 말하다
对~说
(일반적인 사실을 전하다)</td><td>我想告诉你一件事儿。</td></tr>
</table>

<table>
<tr><td colspan="2">웨이츠 维持 wéichí ≤ 바오츠 保持 bǎochí</td></tr>
<tr><td>반드시 노력하거나 필요한 수단 을 취하여 원래의 상태가 바뀌지 않도록 하다</td><td>원래의 (좋은)상태를 지속해 나가다</td></tr>
<tr><td>维持关系</td><td>保持(友好)关系</td></tr>
</table>

3. 조동사

동사를 도와 필요 · 가능 · 희망을 나타내는 능원동사이다.

10)

쥐에더 觉得 juéde	간쥐에 感觉 gǎnjué
느끼다, 생각하다	느끼다, 여기다, 감각, 느낌
뒤에 '到'가 올 수 없다	뒤에 '到'가 올 수 있다

11)

<table>
<tr><td>이웨이 以为 yǐwéi</td><td>런웨이 认为 rènwéi</td></tr>
<tr><td colspan="2">어떤 상황에 대한 판단이나 생각을 나타낼 때 쓴다 "~라고 여기다"</td></tr>
<tr><td>판단이나 생각이 빗나가 틀렸을 때 주로 쓴다 "~인줄 알았다"</td><td>객관적 상황을 통한 판단이나 생각
"~라고 인정하다"</td></tr>
</table>

조동사의 분류

가능	당위	필요	희망 의지
能 能够 会 可以 可能 得	应 该 要 应该 应当 当…	要 须 须要 必须 得(děi) 好…	愿意 愿 情愿 要 肯 敢 想…

~하고 싶다	~해야 한다	~할 수 있다	~해도 좋다	~하는 것이 좋다
想 < 要	要<需要<必须	会 < 能	可以	最好

조동사				
能 可以 会 要 应该 得 可 应 능원동사(능력 · 기원)[12]	+	동사	=	가능 의지 바람 당연 필요 등의 의미를 띤다

기원동사+목적어	기원동사+일반동사+목적어
~(을) 바라다 [생각하다, 그리워하다] 我想家。	~ 하고 싶다 我想回家。

능력동사 + 일반동사 + 목적어		
후이 会 huì	커이 可以 kěyǐ	넝 能 néng
습득 능력 ~할 수 있게 되었다 배워서 터득할 수 있음을 나타낸다. 이때의 부정형은 '不能'이다	허가에 의한(능력) (허가되어)~할 수 있다 상대방의 허가를 얻어 할 수 있음을 나타낸다	(천성 습득 허가)등 ~할 수 있다 능력의 소유 또는 객관적 조건하에서의 허가를 나타낸다

12) 능원동사

기원동사	능력동사
샹(想) · 야오(要) · 다솬(打算)~ ~하려고 하다, ~하고 싶다, ~할 작정이다	후이(会) · 넝(能) · 커이(可以)~ ~할 수 있다
예정·계획·욕구·바람	가능

상용 조동사

샹 想 xiǎng	<	야오 要 yào
~하고 싶다　~하기 바란다 ~하려고 생각하다 주관적 바람을 나타낸다		~할 것이다　~하려고 하다 ~하고야 말 것이다 주관적 의지와 염원을 나타낸다

야오 要[13] yào		위엔이 愿意 yuànyi
~해야 한다 (~하지 않으면 안 된다) ~할 필요가 있다	~하려고 한다	(마음이 내켜서) ~하기를 바란다 (~ 즐기다)
[실제적 필요]	[기원 · 희망][14]	

데이 得[15] děi	잉가이 应该 yīnggāi	가이 该 gāi
실제상 · 의무상으로 "~해야 한다"는 의미	어떤 도리로서 "마땅히(당연히) ~해야 한다"는 의미	실제상 · 상황상 · 도리상으로 "~해야 한다"는 의미 주로 구어체에 쓰인다

应该　>　得(děi)　> 要

(마땅히)　~해야 한다

13) '要'의 부정형

不用 / 不必	不想
~할 필요가 없다 你不用那么焦急。	~하고 싶지 않다 我不想喝咖啡。

14)

~하려고 하다	~할 예정이다	~하고 싶다
要 想	打算 准备 豫备	要 想 想要 希望 愿意 …

15)

得 děi (구어)		
걸리다, 필요하다	(마땅히) ~ 해야 한다	~임에 틀림없다

잉 yīng 应	잉가이 yīnggāi 应该	잉당 yīngdāng 应当	가이 gāi 该
(서면어)	(也) + 应该 / 应当 (서면어)(구어)		(又/也) + 该 (구어)
	본분이기 때문에 그래야 한다	이치적으로 그래야 한다	

후이 会 huì	넝 能 néng
무언가를 배워서 "할 줄 안다"고 할 때 쓴다 배워서 할 줄 아는 능력	"잘 하는지", 즉 그 수준을 물을 때에 주로 쓴다 자연적인 능력

넝 能 néng	넝꼬우 能够 nénggòu
능력보유	능력보유
조건구비	익숙함
익숙함	/
용도・쓰임	용도・쓰임
조건의 허가	/

4. 형용사

사람이나 사물의 형상・성질・상태를 나타낸다.

형용사의 종류

형상	성질	상태
高	好	轻松

형용사의 중첩

성질이나 정도가 심화됨을 나타낸다			
매우 ~		A처럼 B하다	
AA	AABB	AB	AB
好好(儿)	高高兴兴	雪白	雪白

형용사 뒤에 쓰일 수 있는 복합방향보어는 '起来' '下去' '下来' 3가지이다.

좋아지다	살이 빠지다	조용하세요
好起来	瘦下去	安静下来

상용 형용사

부추오 不错 búcuò	
형용사 '추오'(错)의 부정형 ('맞다' '옳다' '정확하다'는 의미) '很'의 수식을 받을 수 없다	형용사로 '좋다' '나쁘지 않다' 등 주로 구어에 쓰인다 '很'의 수식을 받을 수 있다

쟈오아오 骄傲 jiāoào	
거만하다, 교만하다 (부정적 의미)	자랑스럽다 (긍정적 의미)

리하이 厉害 lìhài	
(수단 태도 등이) 심하다, 지독하다 (부정적 의미)	(실력 등이) 대단하다, 뛰어나다 (긍정적 의미)

수프우 舒服 shūfu	수창 舒畅 shūchàng	수쓰 舒适 shūshì
편안하다	상쾌하다	쾌적하다

안찡 安静 ānjìng	핑찡 平静 píngjìng	칭찡 清静 qīngjìng
조용하다, 고요하다	평온하다, 차분하다	조용하다, 고요하다

5. 수사

수량과 순서를 나타낸다. (수량의 다소, 순서의 선후)

수사의 종류

정수	서수	개수
一	第一	几

배수	소수	분수
三倍	三点一四	三分之一

어림수

근접한 두 개의 숫자를 연속해서 쓴다.
일반적으로 작은 숫자가 앞에 오고 큰 숫자가 뒤에 온다.
一两名 한두 사람 三四天 사나흘
七八岁 7,8세 十五六七 십오육칠

'二' '两' '俩' 의 용법

얼 二 èr	량 两 liǎng	랴 俩 liǎ
서수 第二	양사 앞 两个	俩人(○) 俩个(×)
도량형 二斤/两斤		俩 자체가 '两个'의 뜻

'0' 읽는 법

'零'이 필요하다	'零'을 한 번만 읽는다	'零'이 필요 없다
1001 이링링이 yìlǐnglǐngyī	1,001 이치엔링이 yìqiānlǐngyī	1,100 이치엔이(바이) yìqiānī(yìqiānyìbái)

'一' + 부정양사

一点儿 yìdiǎnr	一些 yìxiē
수사 '一'와 결합하고 '一'는 생략될 수 있다	
(一)点儿	(一)些
半点儿(○)	半些 (×)
(명사 앞) [수량] '些'는 '点儿'보다 많다	
一点儿水(○) <	一些水(○)
一点儿人(×)	一些人(○)
(형용사·동사 뒤) [정도] '些'는 '点儿'보다 높다	
好/高/多/小声儿+点儿[16] <	好[17]/高/多/小声儿+些

'一点儿'의 위치

早/晚+一点儿+동사	多/少+동사+(一)点儿+명사	동사+得+형용사+一点儿
좀 더 일찍 / 좀 더 늦게 ~	약간의 무엇을 더 ~	(지금보다) 좀 더 ~

6. 양사

사람·사물 또는 동작의 단위를 나타낸다. 명량사(名量词)·동량사(动量词)·시량사(时量词)

양사의 종류

명량사					동량사	
사람·사물의 단위					동작 행위의 동량	
개체	집합	부정	도량형	차용	동작·행위	차용+동작
只	个	点	寸	杯	次	叫一声

16) 명령문/'想''要'(능원동사)+点儿는 어기 완화 작용(겸양) 예 你想喝点儿什么?
17) '好'+'些'+명사는 수량이 많다는 뜻이다. 예 湖里有好些鱼。

개체	집체	용기	도량형	부정량
个 本 张 件 篇…	双 套 对 批 群…	杯 瓶 袋…	公斤 公里 米…	点儿 些…

사람에게 쓰이는 양사

거 个 ge	웨이 位 wèi	밍 名 míng	코우 口 kǒu	중 种 zhǒng
널리 쓰인다	존경 예의	신분 직업	식구	불만스런 대상

[지시대명사] (수사) + 양사 + 명사 (명량사)
양사 앞에 오는 수사 '一'는 문장의 맨 앞에 쓰이지 않을 경우 생략할 수 있다. 따라서 "~喝一杯酒"를 "~喝杯酒"라고 말할 수 있다.

명량사의 예

거 ge 个	장 zhāng 张	찌엔 jiàn 件	번 běn 本	타오 tào 套	베이 bēi 杯
일반적인 사람이나 사물	평평하거나 펼칠 수 있는 것	옷, 일, 짐	책	세트를 이루는 것	컵
개	장	벌/건/개	권	세트	잔

명량사	모양 · 성질

동량사의 예

탕 tàng 趟	츠 cì 次	삐엔 biàn 遍	뚠 dùn 顿	창 cháng 场	쌰 xià 下
사람이나 차의 왕래 횟수	반복적으로 이루어지는 동작	처음부터 끝까지의 전 과정	식사, 질책, 권고	하나의 동작이 끝났음을 나타냄	짧은 시간 또는 순식간의 동작
탕	번/차례	번	끼니/차례	바탕/판	번

동량사	동작이나 변화의 성격이나 모양

삐엔 遍 biàn	츠 次 cì
시작부터 마칠 때까지 동작의 전체 과정을 중시한다	동작의 중복을 나타낸다 가장 널리 쓰인다
내용의 중복을 나타낸다 (처음부터 끝까지 한 번) 这个电影我看过三遍。 "대개, 대충"의 의미	내용과 관계가 없다 (동작의 일회성) 我看过三次中国电影。

这部电影	这场电影	这个电影
영화 한 편 : 한 작품의 영화	영화 한 편 : 이번 회의 영화	일상적인 표현 : 영화 하나

수량사의 중첩

(명량사의 중첩)		(동량사의 중첩)
ABAB [동작의 방식]	'一'BB [매우 많음을 의미]	'一'B又'一'B [횟수가 많음을 의미]
一个一个(地) 하나씩하나씩	一回回(的) 한 회 한 회	一遍又一遍(地) 또 한 번

7. 대명사

사람 · 사물의 명칭을 대신한다.

대명사의 종류

인칭	지시	의문	특수
我	这	哪	每
你	那	什么	各

인칭대명사

	단수	복수	특수
1인칭	我 나	我们 우리	咱们 우리
2인칭	你 너	你们 너희	您 당신
3인칭	他 그	他们 그들	她 그녀 · 它 그(것)
기타	人家 / 大家 / 自己 / 别人 자기 그 사람(들) 남(들) / 모두들 여러분 / 자기 자신 / 남		

咱们 (우리끼리) = 我们+你们 [상대방도 포함]

쯔지 自己 zìjǐ	런쟈 人家 rénjiā	비에런 别人 biérén
어떤 특정인을 가리킨다 정하지 않은 임의의 사람을 가리킨다 명사나 대명사 뒤에 쓰여 강조하는 역할을 한다 他自己愿意去的, 怪谁?	다른 사람을 지칭한다 = '别人' '旁人' 임의의 사람을 지칭한다 = '他' 말하는 사람 자신을 가리킨다 人家都急死了, 你还笑!	일반적으로 나 이외의 사람을 가리킨다 가리키는 사람 이외의 사람을 나타낼 수 있다

쯔지 自己 zìjǐ ≒ 번런 本人 běnrén	
'바로 그 사람'이라는 의미를 강조한다	
단독으로 쓰일 수 있다 사람을 나타내는 명사 또는 기타 인칭대명사와 함께 쓸 수 있다	'自己'와 비슷하다 구체적인 사람을 강조하여 나타낼 수 있다

지시대명사

쩌 这 zhè 나 那 nà	
I	II
쩌 (이것) 쩌거 (저것) 쩌시에(이것들)	쩌 쩌리 쩌얼 쩌머 쩌양 쩌머양
나 (그것, 저것) 나거 (그것, 저것) 나시에(그것들, 저것들)	나 나리 나얼 나머 나양 나머양

주어일 때는 모두 다 쓰일 수 있지만 목적어일 때는 '这个' '那个' '这些个' '那些个'로만 쓰일 수 있다. 예 : 我喜欢那。(×) / 我喜欢那个。(○)

의문대명사

사람	사물	시간	장소	수량	성질·상태	방식·방법	이유·원인
谁 누구	什么 哪 무엇/어느	什么时候 언제	哪儿 哪里 어디	多少 几 얼마/몇	怎么样 어떤/어떻게	怎么 어떻게	为什么 怎么 왜/어째서

동사 + 什么	什么 + 명사
做什么	什么人

什么 + 명사	哪 + 양사/수량사
/ 반문의 어기 (×)	몇 가지 중에 하나를 확정해 주도록 요구 의문·반문의 어기

동사 + 什么 what	怎么 + 동사 hou
무엇을 ~합니까 [사물]	어떻게 ~합니까 [동작]

동작의 원인이나 상황, 방식

방법 방식 (how)	원인 이유 (why)
怎么说才好呢?	他怎么还没来呀?

怎么~的	怎么~了
어떻게 : 동작 발생이 완료	왜 : 새로운 상황이 출현

8. 부사

동사나 형용사 앞에 쓰인다. (동작 행위, 존재 변화, 심리활동, 명령, 가능, 추향, 판단) 어떤 부사는 관련사의 기능을 겸한다.

부사의 종류

정도	어기	긍정 부정 추측	시간	상태	중복 연속	범위
很	多么	不	刚	仍然	又	都
更	难道	没	已经	渐渐	一直	只

부사의 위치

부정사 앞	부정사 뒤	부정사의 앞/뒤
又 才 从来 一直 本来 差点儿 几乎	马上 一块儿	都 总 太 很 一定

수량(시간)사 앞에 올 수 있는 부사
大约 一共 才 就 又 都 已经 刚 刚刚 仅 仅仅 至少 不 没 ...

주어 앞에도 올 수 있는 부사(문장부사)
到底 究竟 也许 难道 大概 原来 辛亏 恐怕 突然 …

상용 부사

헌 很 hěn <	껑 更 gèng <	쭈이 最 zuì
일반을 초월함	일반을 훨씬 초월함	절정에 다다름

지후 几乎 jīhū	치마 起码 qǐmǎ	쯔두오 至多 zhìduō	쯔사오 至少 zhìshǎo	이에쉬 也许 yěxǔ
거의	최소한	최대한	적어도	아마도

차부두오 差不多 chàbuduō	차디얼 差点儿 chàdiǎnr
어떤 수량이나 정도에 가까워져 차이가 크지 않음을 나타낸다	어떤 일이 실현되었거나 실현되지 않았음을 나타낸다
대체로, 거의 同学们差不多都来了。	하마터면, 자칫하면, 거의 他差点儿摔倒。 좀더 ~하면 ~할 뻔하였다

컨띵 肯定 kěndìng	디취에 的确 díquè	밍취에 明确 míngquè
틀림없다 어떤 일에 대해 직접적으로 인정하다	명확하다 (어떤 일이나 사실 등)	확정적이다 어떤 일이나 사물에 대해 단언하다

이띵 一定 yídìng	<	컨띵 肯定 kěndìng
강한 확신		

하이 还 hái	짜이 再 zài
① 还+조동사/동사(希望 打算 등) 반복의 의미 ② 还+동사 보충의 의미	(조동사)+再+동사 조동사나 希望 打算 앞에 쓸 수 없다. 동작의 반복만 나타낸다. 종종 수량사와 함께 쓰인다.
明年我还学汉语。 내년에 나는 중국어를 더 배우겠다.	明年我再学一个月的汉语。 내년에 나는 다시 한 달간 중국어를 배우겠다.

쩡 正 zhèng	쩡짜이 正在 zhèngzài	짜이 在 zài
꼭, 바로, 딱 ~하는 중 (진행)	마침 ~하는 중 (진행)(지속)	한참 ~하는 중 (지속)

↳ ↲

正 + 조동사(要)/전치사(从)	(부사) + 在 + 동사
시간에 중점을 둔다	상태에 중점을 준다

바이 白 bái < 바이바이 白白 báibái 뉘앙스 차이	
헛되이 今天我白去了。 거저, 무료로 这种东西白给也没人要。	이음절어 뒤에 '地'를 쓸 수 있다

가능성 따까이 大概[18] dàgài > 따위에 大约 dàyuē (수량 · 시간에 대한 예측)	
대략, 아마도, 대강의 (그리 정확하고 자세하지 않음)	대강, 얼추, 대략적인

라오스 老是 lǎoshi	스중 始终 shǐzhōng	수이스 随时 shuíshí	이썅 一向 yíxiàng	이즈 一直 yìzhí
항상	언제나	수시로	줄곧	계속해서

따오디 到底 dàodǐ	지우찡 究竟 jiùjìng	삐찡 毕竟 bìjìng	중위 终于 zhōngyú	찡란 竟然 jìngrán
도대체 아무래도, 역시	도대체 필경, 어쨌든	필경, 어쨌든 마침내, 결국	마침내, 결국	밖에도, 의외로 ≒ 居然

18)

부사 대개는, 약, 아마 …쯤	형용사 대강의, 대충의	명사 개략, 대요, 대강
大概要走20分钟。	现在只写了个大概的提纲。	我只知道个大概。

찡란 竟然 jìngrán >	쥐란 居然 jùrán ≠	구오란 果然 guǒrán
뜻밖에 출현한 결과를 나타낸다	예측한 것과 결과가 일치하지 않음을 나타낸다 ('竟然'보다 어감이 가볍다)	예측한 것과 결과가 같음을 나타낸다

강 刚 gāng >	강강 刚刚 gānggang
(수량사 앞) 부족하다는 뜻	겨우 부족하다는 뜻

프에이창 非常 fēicháng <	스픈 十分 shífēn
很 < 非常 앞에 '不'가 쓰일 수 없다	정도가 절정에 이르렀음을 나타낸다 앞에 '不'가 쓰일 수 있다

강조의 의미 즈 只 zhǐ <	진 仅 jǐn
단지, 오로지 범위나 수량을 제한하는 역할	단지 ~에 지나지 않다 '只'와 같다. 중복 가능 '仅仅'

9. 전치사

명사 혹은 명사성 단어결합, 대명사 앞에 쓰여 방향・대상・장소・목적 등을 나타낸다.

전치사의 종류

시간	장소 방향	방식 수단	원인 목적	대상 관련	비교	배제	피동
从	从	按照	由于	对	比	除了	被
到	由	根据	为了	关于	和	除	给

공간	시간	대상
在 于 从 自 往 朝 向 到 离 …	从 自从 到 在 当 于…	对 对于 关于 同 跟 和 给 …

상용 전치사

충 从[19] cóng	리 离 lí[20]
출발지, 출발 시간을 나타낸다 学校从这儿很远。(×)	두 장소 사이의 거리, 두 시간 사이의 간격을 나타낸다 学校离这儿很远。(○)
주로 시간적 기점·경과 从 A 到 B ~	주로 시간적 공간적 거리 A 离 B~

뚜이 对 duì ≥	뚜이위 对于 duìyú
동작의 대상(사람 사물)을 이끌어낸다 (~에게, ~을 향하여, ~에 대해) '向''朝''对待'의 의미 他对我笑了笑。	능원동사/부사+对于 (×) 学生都对于中国的文化感兴趣。(×) 사람+对于+사람 (×)

---

19)

충 cóng 从	충라이 cónglái 从来	썅라이 xiànglái 向来	리라이 lìlái 历来
전치사 从+不/未 부정문	부사 부정문/긍정문	부사 긍정문/부정문	부사 긍정문
과거의 한 시기부터 지금까지			

20)

学校离这儿远吗?	学校从这儿远吗?
○	×

뚜이위 对于 duìyú	관위 关于 guānyú
대상을 명확히 한다 주어의 전후에 쓰인다 능원동사, 부사의 뒤에 쓸 수 없다	관련된 범위를 규정한다 주어의 앞에만 쓰인다 제목으로 쓰인다
막연한 문제 동작 행위의 대상과 주관적 태도 对于小孩子的将来很担心。	구체적 대상, 중국어 학습 등산 등 사물의 범위 내용 및 사물과 관련있는 사람과 일 关于学习汉语, 我想说几句话。

안짜오 ànzhào 按照	이짜오 yīzhào 依照	준짜오 zūnzhào 遵照	번저 běnzhe 本着
~에 따라, ~대로 = 按着 照着 按说	~에 따라, ~대로 (법률조항)	존경하는 감정의 뜻 "그대로 한다"	어떤 준칙에 의거

연유 · 이유를 나타내는 전치사

웨이 为[21] wèi	요우위 由于 yóuyú	웨이(러) 为(了) wèi(le)
~ 때문에	~때문에, ~로 인하여	~를 위하여

요우 由 yóu		
~로 인하여	원인이나 근원(발전 과정)	~으로(방식)

⇧

시간 장소의 기점	발전 변화의 기점	원인	경과 (동작의 경과 · 노선)	행동의 주체

21) 웨이 为 wèi

원인	목적
~때문에	~을 위해
我为你生病。	你为谁学习?

10. 접속사

단어와 단어, 구와 구를 연결시켜 서로 간의 각종 관계를 나타내는데 도움을 준다

접속사의 종류

병렬	순접	점진	선택	전환	인과	조건	가설	목적
和	又	不但	或	但	因为	不管	如果	以便
跟	便	不仅	还是	不过	所以	只要	即使	以免

단어나 구를 연결한다	절을 연결한다	단어나 구, 절을 연결한다
和 跟	不但 因为	而且 还是

상용 접속사

얼 而 ér	얼치에 而且 érqiě	삥치에 并且 bìngqiě
단독으로 쓰인다 전환관계 · 연속관계	흔히 '不但' '不仅'과 배합한다 점층관계	

인츠 因此 yīncǐ	위쓰 于是 yúshì
앞에서 말한 원인에서 얻은 결론(결과)를 나타낸다 因为/由于+因此	뒤의 일이 앞의 일로 말미암아 바로 이어서 일어남을 나타낸다 보통 단독으로 쓰인다
인과관계 강조	전후관계 중시

허쾅 何况 hékuàng	쾅치에 况且 kuàngqiě
앞의 내용을 보충 설명한다. 뒤에 '也' '还' 등의 부사가 수반된다 하물며, 더군다나	
의미상 전후 대비를 이루며 반문의 어조를 띤다 상용되는 형식은 "…, 何况…?"이다	而且' '再说'의 의미가 포함되어 있으며 이유를 보충 설명한다

하이스 还是 háishi	후오스 或是 huòshi
모두 선택을 나타낸다	
의문문에 쓰인다 你喝茶还是喝咖啡?	서술문에 쓰인다 喝茶或是喝咖啡都可以。
无论·不论·不管 뒤에 쓰여 어떤 상황이든 포함한다는 의미	

딴쓰 但是 dànshì	커쓰 可是 kěshì	부꾸오 不过 búguò
(구어) (서면어)	(구어)	(구어)
앞 구의 상황과 상반		앞 구에 대한 제한과 수정
그러나 [전환]		

II. 조사

단어, 단어결합, 문장 뒤에서 보조 작용을 한다. 구조조사 동태조사 어기조사 3가지가 있다.

조사의 종류

어기조사	동태조사	구조조사
呢 吧 吗 啊…	了 着 过	的 地 得 所 似的[22]

어기조사

마 嘛 ma	아 啊 a	바 吧 ba	너 呢[23] ne
당연히 알고 있는 것이나, 상황으로 봤을 때 당연하다는 어기	감탄과 놀람의 어기	명령문에서 부드러운 어기, 의문문에서 확인 추측의 어기	약간 망설이는 듯한 어감, 사실을 확인해주는 어감 [의문 진행 과장]

22) '似的'는 '一般' '一样' 등과 함께 비유조사로 볼 수도 있다.

23) '呢'의 용법

마 吗 ma	더 的 de	러 了 le (1)	러 了 le (2)
의문의 어기	의심의 여지없이 실하다라는 확신의 어기	동작이 이미 발생·실현되었다는 것을 긍정하는 어기	새로운 상황의 변화나 발생의 어기

동태조사

러 了 le	저 着 zhe	구오 过 guo
(동작 행위의)실현·완성	진행·지속	경험·완료
동작이나 행위 혹은 상황의 발생 실현 완성을 나타낸다	동작이나 행위의 진행 혹은 상황의 지속을 나타낸다	일찍이 어떤 동작이나 행위가 발생하였거나 어떤 상황이 존재하였음을 나타낸다
走了, 好了	走着, 红着(眼睛)	走过, 胖过

러 了 le		
어떤 상황의 발생	일어날 동작	인식·생각·상황의 변화
我吃饭了。	동사1+了+동사2	我明白了。

'了'의 위치		
下课了	下了课 ~	下了一节课
목적어가 간단할 때, 강조할 필요가 없을 때 목적어 뒤에 둔다	목적어가 간단하지만 문장이 끝나지 않고 뒤에 말이 더 있다면 목적어 앞에 둔다	목적어가 좀 복잡할 때, 목적어 앞에 수량사가 있거목적어를 강조할 필요가 있을 때 목적어의 앞에 둔다

의문어기	사실의 확인	진행형
你会中文还是会英文呢?	书店九点半才开门呢。	他正在做作业呢。

구조조사

더 的 de	더 地 de	더 得 de
관형어+的+명사 ~의 ~한 관형어 + 的 ~것	부사어+地+동사/형용사 ~하게,~적으로	동사/형용사+得+보어 정도 상황 가능을 설명한다 (정도보어 가능보어)

所 + 일음절동사	(所) + 이음절동사
조사 '所'를 생략할 수 없다	조사 '所'를 생략할 수 있다

수오 所 suǒ		
所 + 동사	被/为 ~ 所	所 ~ 的
명사성 어구	피동	문장성분

12. 감탄사

감탄·호출·응답의 소리를 나타낸다. 다른 품사와 결합하지 않는다. 문장성분이 되지 않는다. 독자적으로 문장을 이룬다.

감탄사의 종류

기쁨 놀람	천시 분노	탄식 슬픔	호출 응답	이해
哈	哼	哪	嗯	噢
啊呀	呸	啊	喂	哦

아 아이 啊, 哎	아야 아이야 아요 啊呀, 哎呀, 哎哟

아 啊 a (아, 앗, 아이고, 어, 그래)			
ā	á	ǎ	à
경이로움, 감탄	'뭐라고' 추궁하는 듯한 어조	놀람+의심스러움 (의외일 때)	응락, 허락, "이제야 알겠다" 경이+찬탄

13. 의성사

사물의 소리를 모방하여 만든 단어이다.

의성사의 예

시시 嘻嘻 xīxī	하하 哈哈 hāhā	왕왕 汪汪 wāngwāng	먀오먀오 喵喵 miāomiāo	핑팡 乒乓 pīngpāng
히히	하하	멍멍	야옹야옹	투닥투닥 펑펑

딩당 丁当 dīngdāng	구두 咕嘟 gūdū	딩링링 丁铃铃 dīnglínglíng	훙룽룽 轰隆隆 hōnglōnglōng	딩링당랑 丁零当啷 dīnglingdāng lāng
쟁그렁 딸랑	(물이) 펄펄	따르릉	쿠르릉 쾅쾅	딩동댕동

다품사어의 예

야오밍 要命 yàomìng	
형용사	동사
심하다 [정도보어로 쓰인다]	목숨을 요구하다

러나오 热闹 rènao		
형용사	동사	명사
시끌벅적하다	신나게 즐거워하다	구경거리

짜이 在 zài		
전치사	동사	부사
他在家学习。 장소	他在家。 존재	他在学习。 진행

수이삐엔 随便 suíbiàn			
부사	형용사	접속사	동사
去不去随便你。	不要随便说话。	随便什么书, 你都可以翻一翻。	随你的便。
좋을 대로, 제멋대로	함부로, 무책임하다	~을 막론하고	당신 마음대로 하세요

커넝 可能 kěnéng			커 可 kě
부사	형용사	명사	부사
'也许' '或许'의 의미	가능하다, 된다	'可能性'의 의미	정말로, 절대로 (구어)
가능 · 추측[24]			강조

24)

커넝 可能 kěnéng	후이 会 huì
"아마도~일 것이다""~할 가능성이 있다" 과거와 미래의 추측도 나타낸다. 일반적으로 아직 일어나지 않은 동작이나 가상의 상황에 쓰인다	추측을 나타내지만 긍정적인 추측을 나타내지 못한다. 미래의 추측만 나타낸다

건 跟[25] gēn		
접속사	전치사	(관련성 여부)
~와 你跟他都是中国人。	동작을 함께하는 대상을 끌어 낸다 我跟他一起去图书馆。 비교할 대상을 끌어들인다 我的看法跟你差不多。	我跟他来往不多。

쟝 将 jiāng		
부사	동사	전치사
곧, 앞으로	가지다, 쥐다	~을 어떻게 하다 =把

구(短语, 단어결합)

구
두 개 혹은 두 개 이상의 단어가 일정한 구조방식에 따라 이루어진 것 문장 내에서 어떤 성분의 어법단위가 될 수 있다

구(短语)	
词组	结构
실사+허사	실사+허사

25)

건 跟 gēn	허 和 hé	퉁 同 tóng	위 与 yǔ
구어 주로 접속사 때로는 전치사	구어 접속사 때로는 전치사	서면어 주로 전치사 때로는 접속사	서면어 책명이나 글 제목 (전치사)

단어결합

수식하거나 한정하는 성분	수식되거나 한정되는 성분
관형어 · 부사어 (중심어 앞)	중심어

수식하거나 한정하는 성분	수식되거나 한정되는 성분
중심어	보어 (중심어 뒤)

↑ ↑

(때로, 구조조사 的 혹은 得)

구의 기능에 따른 분류

명사성구	동사성구	형용사구
주로 주어 목적어 한정어가 된다	주로 술어 혹은 술어중심어가 되며 또한 한정어 부사어 보어가 된다	주로 술어 한정어 부사어 보어가 된다

구(단어결합)의 구성 방식[26)]

주술구조	술목구조	수식구조	보충구조	연합구조
东方红	打电话	汉语课本	好极了	唱歌、跳舞
立场坚定	坐飞机	真麻烦	去一趟	学习并讨论
(主谓式)	(动宾式)	(主从式)	(动补式)	(并列式)

26) 단어 · 구 · 문장의 구성 방식은 기본적으로 일치한다. 이것은 한어어법의 주요 특징이면서 한어어법이 간이하다는 사실을 나타낸다.

복합구	파생구
주술구 술목구 한정구 수식구 술보구 연합구 겸어구 연동구 …	방위구 양사구 개사구 '的'자구 '所'자구 '似的'구
두 개 혹은 두 개 이상의 실사가 일정한 구조방식에 따라 이루어진 것	실사와 허사가 일정한 구조방식에 따라 이루어진 것

자유구	고정구
일정한 구조규칙에 따라 자유롭게 조합하는 구	내부어구가 고정되어 있어 임의로 교체할 수 없는 어구

문장성분

<table>
<tr><th colspan="3">주요성분</th><th colspan="3">지엽부분</th></tr>
<tr><td>주어</td><td>술어</td><td>목적어</td><td>관형어</td><td>부사어</td><td>보어</td></tr>
<tr><td>主语</td><td>谓语</td><td>宾语</td><td>定语</td><td>状语</td><td>补语</td></tr>
<tr><td>주어</td><td>서술어</td><td>빈어</td><td>한정어, 정어</td><td>상황어</td><td>보충어</td></tr>
<tr><td rowspan="2">행위의 주체나 묘사의 대상이 되는 성분</td><td rowspan="2">주로 동사나 형용사가 술어가 되며 주어를 묘사하거나 행위를 나타낸다</td><td rowspan="2">타동사를 지닌 문장에서 주어가 행하는 행위를 당하는 존재나 사물을 지칭하는 명사구</td><td>주어나 목적어를 수식하는 성분</td><td>술어를 수식하는 성분</td><td>술어 뒤에 놓여 결과·정도 등을 보충설명하는 성분</td></tr>
<tr><td>관형어+명사</td><td>부사어+동사·형용사</td><td>동사·형용사+보어</td></tr>
</table>

하나의 어순으로 표현[27]
주어 + 동사 + 목적어 ↑ (술어) 부사어

결과보어 ~	결과보어+수량보어	결과보어+ 방향보어
我看见书了。	我来晚了一个小时。	他累昏过去了。

看+결과보어	看+방향보어	看+가능보어
看到, 看见, 看完, 看好, 看懂, 看对, 看上	看来, 看上去, 看起来, 看出来	看得懂, 看不懂, 看得好, 看不好

동량보어	시량보어	차량보어
목적어의 앞/뒤	毕业三年了	比我大三岁

[동사 목적어] 동사 시량보어	동사 시량보어 목적어	목적어, 동사 시량보어
学汉语学了两年。	学了两年(的)汉语。	汉语, 学了两年。

동사+목적어+목적어 부분 부분	전치사+목적어+이합사	이합사+전치사+목적어
帮他忙 그를 도우다	和他见面 그와 만나다	毕业于大学 대학을 졸업하다

27) 단어의 어순은 담당하고 있는 역할을 나타낸다. 단어의 의미와 뉘앙스는 어순으로부터 알아차린다.

영어	중국어	한국어
주어+동사+목적어 부사어↗	주어+동사+목적어 ↖부사어	주어+목적어+동사 ↖부사어

품사와 문장성분의 관계

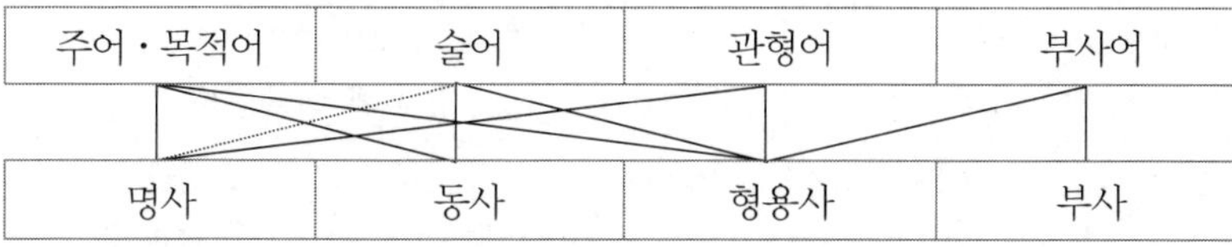

문장(句子)

문장의 형태(单文)	
주술문	비주술문

주술문

1	2	3	4
명사술어문[28] 我韩国人。	동사술어문 我学汉语。	형용사술어문 我很忙。	주술술어문 我工作很忙。
술어의 성분에 따른 문장 유형			

비주술문

명사성 비주술문	동사성 비술어문	형용사성 비술어문	감탄문
老李! (호칭)	求命啊!	安静!	哟!

28) 명사술어문(명사+명사)

숫자 (날짜, 시간 요일, 가격) 我二十三岁。	국적, 출생지 我韩国人。	(부정문) 명사+不是+명사

<table>
<tr><th colspan="3">문장[29]</th></tr>
<tr><td>주부(주어)</td><td colspan="2">술부(술어)</td></tr>
<tr><td>서술대상</td><td colspan="2">주어에 대한 서술</td></tr>
<tr><td>워
我
wǒ</td><td>츠
吃
chī</td><td>빙지린
冰激淋
bīngjīlín</td></tr>
<tr><td>나는</td><td colspan="2">먹는다 / 아이스크림(을)</td></tr>
</table>

<table>
<tr><th colspan="2">술부</th></tr>
<tr><td>술어</td><td>목적어</td></tr>
<tr><td>동작이나 행위</td><td>동작이나 행위의 대상</td></tr>
<tr><td>츠
吃
chī</td><td>빙지린
冰激淋
bīngjīlín</td></tr>
<tr><td>먹는다</td><td>아이스크림(을)</td></tr>
</table>

<table>
<tr><th colspan="2">수식구조</th></tr>
<tr><td colspan="2">앞부분이 뒷부분을 수식하거나 제한한다</td></tr>
<tr><td>티엔티엔
天天
tiāntiān</td><td>츠
吃
chī</td></tr>
<tr><td>매일</td><td>먹는다</td></tr>
<tr><td>이 허
一盒
yìhé</td><td>빙지린
冰激淋
bīngjīlín</td></tr>
<tr><td>한 통</td><td>아이스크림</td></tr>
</table>

⇩

我天天吃一盒冰激淋。

29)

중국어	영어	한국어
句(子)	Sentence	문장

문장의 용도 · 어기

평서문	의문문	명령문	감탄문
긍정 강조 부정	시비 특지 선택 정반	명령 건의 요청	화자의 감정을 나타낸다
대개 어기사 쓰지 않음 (的 了 呢 啊 把 了)	呢 吗 吧 ?	(吧)(!)	~ !

긍정문	부정문	의문문			
A는 B입니다	A는 B가 아닙니다	A는 B입니까?	A는 B가 아닙니까?	A는 B입니까?	A는 B입니까?
A 是 B	A 不是 B	A 是 B 吗	A 不是 B 吗	A 是不是 B	A 是 B 不是
≒ 영어의 be 동사					

긍정(부정)문	의문문		
他(不)是从首尔来的。	他是从首尔来的吗?	他是不是从首尔来的?	他是从哪儿来的?

의문문의 유형[30)]

특지의문문	시비의문문	선택의문문	정반의문문
의문대명사	吗 啊	(是)~还是~呢	긍정+부정(呢)
구체적 답변 요구	긍정 부정의 대답 요구	선택을 요구	↓

30)

'吗'를 사용	의문사 사용	정반식	선택식	'好吗'를 사용	'呢'를 사용
~吗?	谁 什么 哪 등	긍정형+부정형	A 还是 B	(건의형)	(생략형)

정반의문문
조동사의 긍정과 부정을 병렬하여 정반의문문을 만든다 부정부사 '不'는 경성으로 발음한다 你会不会画画儿?(그림 그릴 수 있습니까)
조동사+不+조동사+본동사

洗得干净洗不干净? 깨끗이 씻을 수 있는가
가능보어 구문의 예

你有没有钱?	你有钱没有?	你有钱没有钱?
○	○	자주 쓰이지 않는다

你看没有看那部电影?	你看没看那部电影?	你看了那部电影没有?
×	○	○

선택의문문
(是) A 还是 B +(呢)? A인가 아니면 B인가? (또는, 아니면, 혹은) 가능성이 있는 두 가지 대답을 연결하고 그 중 하나를 선택하도록 하는 의문문이다[31)]

(너) 갈거야 말거야?	네가 가 (아니면) 그가 가?
你还是去, 还是不去? 你是去, 还是不去? 你是去, 是不去? 你去还是不去?	还是你去, 还是他去? 是你去, 还是他去? 是你去, 是他去? 你去, 还是他去?

31) 선택의문문은 양자 비교의 의미를 담고 있기 때문에 형용사술어 앞에 부사 '很'을 쓸 수 없고, 어기조사로 '呢'만 쓸 수 있다.

你忙吗?	你忙不忙?	你忙还是不忙?
일반의문문	정반의문문	선택의문문
사실인 것 같다든가 실현될 것 같다고 생각할 경우	예측하지 않고 묻는 경우	

특수의문문[32)]

명사성분+呢	평서문+명사성분+呢	평서문+呢
어디에?	어떠하니?	(그러면) 어떻게 하니?

이중부정문

뿌더뿌 bùdebù 不得不	뿌넝뿌 bùnéngbù 不能不	부후이뿌 búhuìbù 不会不
~하지 않으면 안 된다 不得不告诉他。	~하지 않을 수 없다 不能不想你。	~하지 않을 수 없다 不会不知道。

(매우 강한 긍정의 표현)

我们不能不去。	我们不去不行。	我们非去不可。
우리들은 가야 한다		

반어문의 유형

不是~吗?	怎么+ 동사	难道(不)	何况/况且 ~	哪儿~啊	동사/형용사+什么
~가 아닙니까	어떻게 ~	설마 ~	하물며 ~	어디 ~가 있겠느냐	뭐가 ~한다는 건가

32) 이미 알고 있는 어떤 상황에 대해 간단히 되물을 때, 즉 앞에서 말한 화제를 이어받아 질문할 때, 술어 부분은 다 생략하고 명사·대명사 혹은 명사성 단어결합에 바로 '呢'를 붙여서 특수의문문이 된다. 만약 독립된 문장이라면 그 뜻은 "~은 어디에?"이다. 예 : 我的书呢? 앞에 다른 내용이 있다면 의문문의 뜻은 그 상황에 따라 정해진다. 예 : 今天你不能去, 明天呢?(내일은?- 내일 갈 수 있어?)

怎么+ 동사 ? = 当然 不 동사	怎么+个+동사+法 = 怎么+동사
반어문 我怎么知道? 내가 어떻게 알아	汉语怎么个学法才好 = 汉语怎么学才好?

怎么 + 동사

[동작의 원인이나 상황, 방식]

哪儿~啊?	동사/형용사+什么?
"어디 ~가 있겠느냐"라는 의미로 '없음'을 강조한다 学生哪儿有钱啊! (학생이 돈이 어디 있겠어요)	"뭐가 ~한다는 건가?"라는 의미로 전체 문장의 의미를 부정한다 这篇课文难什么?(이 본문이 어렵다고)

이중부정문	반어문
두 차례의 부정형식을 통해서 긍정의 의미를 나타내는 것을 말한다 강조하는 말투 / 완곡한 말투	의문이 없는 의문문이다 화자가 의문문의 형식을 써서 자신의 의견을 분명히 나타낸다 긍정의 의미 / 부정의 의미
不能不想你。 나는 당신을 생각하지 않을 수 없다.	这怎么可以?

나 하이 융 수오 那还用说! Nà hái yòng shuō		
1	2	3
반문의 어기를 가지고 물음에 대답하는 말	질문에 긍적적으로 대답 당연히 그러하다는 뜻	질문에 대한 대답이 분명 더 많은 말이 필요 없음

那还不用说	那不用说	那当然	那是	没说的=没的说
말할 필요 있니	말할 필요 없어	그거야 당연하지	당연히, 물론	말할 여지가 없다 (좋다/당연하다)

처치문

把	목적어	동사	기타성분
	무엇을	어떤 동작으로	어떻게 처치하였나

(처치→강조)

↑

동사	목적어

중국어의 기본 어순

我看完了那一本书。	我把那一本书看完了。
나는 그 책을 다 보았다. (중점)	나는 그 책을 다 보았다. (중점)

사역문

A	叫/让/使/令 …	(B)	동사

A가 B에게(로 하여금) ~하게 하다, ~하도록 시키다

老师叫你来。(사역)	被他叫了回来。(피동)
선생님께서 오시래요.	그에게 불려 돌아왔다.

피동문

주어	被/叫/让/给	(목적어)	동사	기타성분
수익자/피해자		실행자		

~는 ~에 의해 ~이 되다

"被/叫/让/给"가 없는 의미상 피동문도 있다

동작의 대상+(동작의 주체자+)동사+기타

불행한 일이나 바라지 않은 일이 발생한 경우
의미를 정확히 전달하여 오해 소지를 없애기 위한 경우

피동	피동 · (사역)	
뻬이 被 bèi	쨔오 叫 jiào / 랑 让 ràng	게이 给 gěi
보통 서면어에 쓰인다	주로 구어에 쓰인다	(연용 가능)

연동문

동일한 하나의 주어에 두 개(이상)의 동사 또는 동사구가 함께 쓰여 하나의 주어를 공유하는 동사술어문을 연동문이라 한다 연동문에서 '不' '都' '也' 등의 부사는 일반적으로 첫 번째 동사 앞에 오고, 완료를 나타내는 '了'는 맨 뒤의 동사에 둔다		
두 동사(구)는 순서가 바뀔 수 없다	두 동사(구)는 병렬관계가 아니라 설명하고 설명을 받는 관계이다	문장 전후의 의미가 밀접하게 연결되어 있어, 문장 중간에 쉴 수 없다

주어 + 동사A + 동사B

1	2	3	4	5
전후로 이어서 일어나는 동작 A하고 B하다	목적 B하기 위해(하러) A하다	수단 · 방법 A하면서(하고) B하다	동작의 방식 A 着 B	보충설명 有(A) B
我要回家睡觉。	我打算去美国学习英语。	他握着我的手说'再见'。	他躺着看书。	我有钱买这本书。

겸어문

술어가 두 개의 동사로 이루어져, 앞 동사의 목적어가 뒤 동사의 주어이기도 한 문장을 겸어문이라 한다		
술어동사가 '请' '叫' '让' '使' 등이 온다. 즉, 청구 · 명령 · 인도 등의 의미를 나타내는 것들이 많이 쓰인다	술어동사 뒤에 있는 대상이 사람과 사물로 한정된다	술어동사와 겸어의 사이에는 쉬거나 부사어를 둘 수 없다

<table>
<tr><td rowspan="3">주어1</td><td colspan="4">문장 전체의 술어</td></tr>
<tr><td rowspan="2">동사1
请 让 叫 使 要</td><td rowspan="2">겸어
목적어 겸 주어2</td><td colspan="2">술어</td></tr>
<tr><td>동사2</td><td>(목적어)</td></tr>
</table>

△

(명사/대명사)

'是' 자문

동작이 일어나는 배경에 중점을 둔다	화자의 관점 의견 논평 묘사 등을 나타낸다
他是昨天来的。 그는 어제 왔다.	那是不可能的。 그건 불가능 해.

강조	판단
是 동사구/형용사구 또는 절 的	是 (명사/대명사/형용사/동사/동사구) [명사구] 的
명사나 명사구가 올 수 없다	주로 귀납에 사용되며 출처 근원 직업 용도 등을 설명한다

비교문

비 比 bǐ 사용	건 跟 gēn 사용	썅 像 xiàng 사용	요우 有 yǒu 사용
A는 B보다 ~하다	A와 B는 같다/다르다	A는 B처럼 그렇게~하다	A는 B만큼~하다
구체적인 차이 중시	동일한지의 여부 중시	유사성을 강조	정도에 도달 여부 중시

A > B	A < B / A ≤ B	A = B
A 比 B 聪明	A 没有 B 聪明 A 不比 B 聪明 A 跟 B 差不多聪明	A 跟 B 一样 聪明
A는 B보다 총명하다	A는 B만큼 총명하지 않다[33]	A는 B와 같이 총명하다

존현문

존재 표시	출현 표시	소실 표시
桌子上有一本书。 책상 위에 책 한 권이 있다.	前面走过来一个人。 앞쪽에 한 사람이 걸어온다.	书架上少了一本书。 책장에 책 한 권이 안 보인다.
장소 + 동사 + 了/着 + (존재하는)사람/사물	장소/시간 + 출현・소멸을 나타내는 동사 + 사람/사물	

다양한 표현

가족의 수와 성원

你家有几口人?	你家有谁?	你家有什么人?
식구가 몇 입니까	집에 누구 누구 있나요?	

33) 비교문의 부정형

A 뿌비 不比 bùbǐ B	A 메이요우 没有 méyǒu B	A 뿌루 不如 bùrú B
B는 A보다 ~하지 않다	A는 B만큼 ~하지 않다	A는 B에 미치지 못하다
상대방의 말에 동의하지 않을 때	가장 보편적인 비교문의 부정	A没有B~

나이

어린아이	비슷한 연령층	윗사람
你几岁(了)? 몇 살이니?	你多大(了)? 나이가 어떻게 되세요?	您多大年纪[岁数](了)? 연세가 어떻게 되세요?

두오따 多大?	두오따니엔지 多大年纪?	두오따쑤이수 多大岁数?
나이가 적을 때	<	나이가 많을 때

의견

你对这件事怎么看?	你对这个人有什么看法?	请谈谈你对这个人的看法?	你对这个问题有何高见?
이 일을 어떻게 보세요?	이 사람을 어떻게 보세요?	이 사람의 견해에 대해 말해 봅시다	이 문제에 대해 어떤 고견이 있으세요

취미

你爱好什么?	你有什么爱好?	你对什么感兴趣?	你喜欢看电影吗?
무얼 좋아하세요	어떤 취미가 있나요	무엇에 흥미가 있나요	영화 (보기) 좋아하나요

환전

一个人能换多少人民币?	你带的什么钱?	换多少?	请写一下钱数和名字。
한 사람이 인민폐를 얼마나 바꿀 수 있나요?	어떤 돈을 가지고 있나요?	얼마 바꿉니까?	금액과 이름을 써 주세요.

직업

你做什么工作?	你是搞什么的?	你在什么单位工作?	你从事什么工作?
어떤 일을 하세요?	무엇을 하는 분이세요?	어느 부서에서 일하세요?	어떤 일에 종사하세요?

일의 진행

路上顺利吧?	工作顺利吧?	学习顺利吧?
길은 순조로우셨죠?	일은 잘 되시죠?	공부는 잘 되시죠?

장소

哪儿能换钱吗?	哪儿能抽烟吗?	哪儿能照相吗?
어디서 환전할 수 있습니까?	어디서 담배를 피워도 됩니까?	어디서 사진을 찍어도 됩니까?

복문(复文)

문장	
단문(단순문)	복문(복합문)

복문
둘 혹은 둘 이상의 单文으로 이루어진 문장을 말한다. (이때 단문은 독립성을 잃고 구가 된다) 둘 혹은 둘 이상의 단문이 직접 결합하거나 허사 혹은 단어결합의 도움을 받아 이루어진다

병렬관계 연속관계 점층관계 선택관계	인과관계 전환관계 조건관계 가정관계 목적관계
联合复文	偏正复文

단문(절, 分句)이 직접 결합된 복문	허사 혹은 단어결합의 도움을 받아 이루어진 복문
A , B	A, 허사 혹은 단어결합 B
의미상으로 관련이 있으나 관계가 분명치 않다	순접 선택 점층 전환 인과 가정 목적 조건 등

연합복문

몇 가지 관련되는 사물을 이야기하기도 하고	한 사물의 몇 가지 방면을 진술하기도 하고	정반되는 두 사물을 이야기하기도 하고	한 사물을 긍정하고 다른 한 사물을 부정하기도 한다

⇩

병렬복문	순접복문	선택복문	점층복문
~ 也	~ 就	是~还是~	~ 而且
~도	곧	~인가 아니면~인가	뿐만 아니라

수식복문

전환복문	인과복문	가설복문	목적복문	조건복문	양보복문
~ 但是	由于~	要是~就	为了~	只要~ 就	就是~ 也
그러나	~로 인해	만약~하다면~하다	~하기 위해	~하기만 하면~하다	설령~ 하더라도

전환식 가설복문

即使… 也 jíshǐ yě	就是… 也 jiùshì yě	就… 也 jiù yě	纵然… 也 zòngrán yě	哪怕… 也 nǎpà yě
~하더라도				
전환관계				

다중복문	긴축복문
하나의 복문은 두 개 혹은 두 개 이상의 절로 이루어져 있다. 이러한 절은 하나의 층차로 이루어질 수도 있고, 여러 개의 층차를 갖고 있을 수도 있다. 두 개 이상의 층차로 이루어진 복문을 다중복문이라고 한다	복문의 절 사이에 있는 쉼을 제거하고 몇몇 단어를 생략하면 긴축복문이 된다
读书好像听音乐或是任何一种游戏似的, 一旦爱上了它, 就会入迷的。	不下雨就去。 비가 오지 않으면 간다.

긴축문
형식상 단문(单文)으로 보이지만 의미상으로 복문에 상당하는 것을 축소된 복문, 즉 긴축문이라고 한다

不… 不…	越… 越…	再… 也…	不… 也…	一… 就…	非… 不…
↓	↓	아무리… 하더라도…	…하지 않더라도 …	…하자마자 곧 …	(강조)

부찌엔부싼 bújiànbúsàn 不见不散	이이엔웨이띵 yìyánwéidìng 一言为定
꼭 만나기로 약속할 때 쓰는 말이다. 약속하는 쌍방은 반드시 제 시간에 도착해야 하며 마음대로 가버려서는 안 된다	한 마디로 결정짓고 다시 고치지도 못하고 후회도 못한다는 뜻이다. 흔히 '约会' '请客' '邀请'에 많이 쓰이는 성어이다

不A不B	没有A, 就没有B
A하지 않으면 B하지 않는다	A가 없었다면 B도 없다
(如果不A, 就不B)	(如果没有A, 就没有B)

위에 越 yuè A　위에 越 yuè B		위 俞 yù A　위 俞 yù B
A에 비례해서 B의 정도가 높아지는 것을 나타낸다		
(주어)	위에라이위에 yuèláiyuè	(술어)
学汉语的人 他 天气	越来越 점점, 더욱더	多了 关心我了 热了
사람 · 사물		변화의 방면

A할수록 더욱 B하다

越来越+형용사/(일부)동사+(了)	越~越~
점점 더 ~하다	~할수록 ~하다

의문대명사, 就 의문대명사

怎么 ~ 怎么	多小 ~ 多小	什么~什么
他怎么想, 就怎么说。 그는 생각나는대로 말한다.	你要多小, 就可以拿多小。 가지고 싶은대로 가져도 좋습니다.	你要什么, 就给你什么。 원하는 것이 무엇이라도 드리겠습니다.

하나의 문장 안에 의문사가 2개 사용되고 그 두 의문사가 밀접한 관계를 가지고 임의의 모두를 나타낸다 ~한다면 □라도 ~한다

중국어법학 간사(简史)

马氏文通 이전		马氏文通(1898)	马氏文通 이후	
전기 한대-송대	후기 명대-청말	마건충(马建忠)[34]	전기 1898-1949	후기 1950이후

↓

제1권	제2권~제9권	제10권
어법 대강	각 부류 자의 공능과 작용 실사 · 허사 구(句) · 두(读)	총결

마건충 『마씨문통』의 품사 분류

名字	代字	静字	动字	状字	介字	连字	助字	叹字
1	2	3	4	5	6	7	8	9
名词 量词	指代词	动词	形容词 数词 方位词	副词	介词	连词	助词	叹词 象声词

(吕叔湘 『现代汉语八百词』(1980)의 품사 분류)

『마씨문통』의 영향

중등국문전 中等国文典	국문법초창 国文法初创	고등국문법 高等国文法	신저국어문법 新著国语文法
장사쇠(张士钊)	진승택(陈承泽)	양수달(杨树达)	여금희(黎锦熙)
고대한어 어법			현대한어 어법

34) 마건충(1845~1900)은 한어어법학의 창시자로서 그가 지은 『마씨문통』은 중국 최초의 계통적인 한어어법 저작이다. 그는 라틴어법을 체계를 참조하였을 뿐만 아니라 중국의 전통적 구두(口读) 허사(虚词) 어서(语序)에 관한 여러 학설을 계승하고 많은 고문헌 자료를 수집하여 중국 최초의 어법 체계를 세웠다.

중국현대어법(中国现代语法) (1937)	중국문법요략(中国文法要略) (1944)
왕력(王力)	여숙상(吕叔湘)

Mandarin primer(1948)	A grammar of spoken chinese(1968)
조원임(赵元任)	

暂定汉语语法教学体系
잠정한어어법교학체계

(1956년 5월 인민교육출판사 출판)

1. 실사와 허사(11품사)

명사 동사 형용사 수사 양사 대사	부사 개사 연사 조사 탄사

2. 词组(4종)

联合	偏正	动宾	主谓

3. 문장성분

(주요성분) 주어 술어	(부가성분) 빈어 보어 정어 상어
(특수성분) 독립성분·복지성분	

4. 문장의 구분

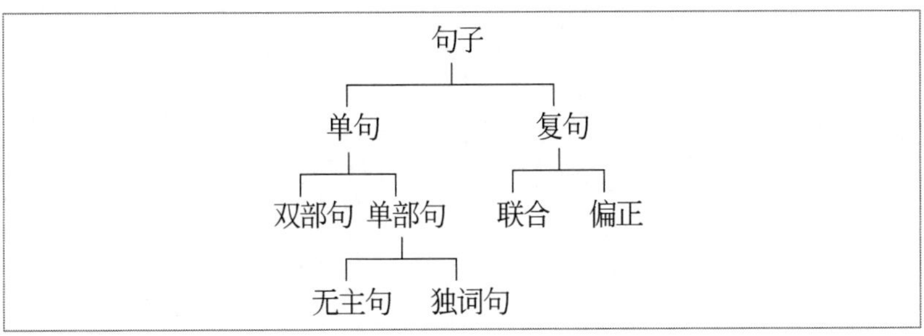

부 록

H.S.K. 어법 문제

1 다음 문장에서 알맞은 곳을 고르시오.

老李是我 A 大学 B 时代最好 C 朋友 D。

的

라오 리는 나의 대학 시절에 가장 좋은 친구였다.

'的'를 쓰는 경우	'的'를 쓰지 않는 경우	'的'를 쓸 수도 있고 생략도 가능한 경우
你的信 重要的事	好朋友 一个人	我们(的)班 不少(的)人

구조조사 더 的 de	
관형어(한정어)를 구성하는 것 관형어+的+명사 ~의, ~한	'的'자구를 구성하는 것 관형어 + 的 ~것

2 다음 문장에서 알맞은 곳을 고르시오.

我刚才 A 看见 B 他气愤 C 走 D 出去了。

地

나는 좀 전에 그가 화를 내면서 나가는 것을 봤다.

구조조사 더 地 de
부사어+地+동사/형용사 ~하게, ~적으로

'地'를 쓰는 경우	'地'를 쓰지 않는 경우	'地'를 쓸 수도 있고 생략도 가능한 경우
大家注意地听着。	这次考试终于成功了。	他慢慢儿(地)过来了。

강 刚 gāng	강차이 刚才 gāngcái
(부사) "어떤 일이 일어난 시간이 방금 전이다"라고 '방금 전'이라는 시간을 알려줄 때 쓴다 막, 바로	(명사) "방금 전에 무슨 일이 있었다"는 사실을 알려줄 때 쓴다 지금 막, 방금, 이제 금방

3 다음 문장에서 알맞은 곳을 고르시오.

小李 A 弹 B 钢琴 C 弹 D 特别好。 得 샤오 리는 피아노를 특히 잘 친다.

구조조사 더 得 de
동사/형용사+得+보어 정도 상황 가능을 설명한다 정도보어 · 양태보어 · 가능보어

동사/형용사	得 (个)	양태보어 [평가][정도][결과]

동/형+得 · 보어(주로 형용사)	동/형+个+보어(주로 형용사)
说得很好。(말을 잘한다)	我吃了个饱。(나는 배불리 먹었다)

4 다음 문장에서 알맞은 곳을 고르시오.

你是不是 A 明天一早 B 就 C 去运动场 D 跑步? 打算 너는 내일 아침 일찍이 운동장에 구보하러 갈 작정이니?

다산 打算 dǎsuan	쥐에띵 决定 juédìng
(조동사) 주로 미래의 표현에 쓰인다 ~하기로 하다	(동사) 보다 공식적이고 중대한 사안 ~하기로 결정하였다

파오뿌 跑步 pǎobù	창파오 长跑 chángpǎo
구보	장거리 달리기

취 去 qù (go)	조우 走 zǒu (walk, leave)
목적지를 향해 간다는 의미	'걷다' '떠나다' '가다' 라는 의미

5 다음 빈칸에 알맞은 것을 고르시오.

天气已经开始热 ___。 A 了　　B 过　　C 呢　　D 着 날씨가 이미 더워지기 시작했다.

어기조사 러 了 lẹ		
어떤 상황의 발생	일어날 동작	인식·생각·상황의 변화
我吃饭了。	동사1＋了＋ 동사2	我明白了。

너 어디 갔었니?		너 어디 가니?
我去那儿了?	←	你去那儿?

「상황 변화」

학교에 갔었어.		나 학교에 가.
我去学校了。	←	我去学校。

러 热 rè	렁 冷 lěng	량콰이 凉快 liángkuài	간짜오 干燥 gānzào	차오스 潮湿 chǎoshī
덥다	춥다	시원하다	건조하다	습기 차다

6 다음 빈칸에 알맞은 것을 고르시오.

我 __________ 工作。

A. 希望了明年找到　　B. 希望明年能找到

C. 明年希望能找到　　D. 明年能希望找到

나는 내년에 일거리를 찾을 수 있기를 바란다.

시왕 希望 xīwàng	판왕 盼望 pānwàng
실현될 수 있는 것과 실현될 수 없는 것 어느 것에도 쓸 수 있다	실현되기를 바라는 것에 대한 기대를 나타낸다

필요성 · 의무 · 권고 등

시왕 希望 xīwàng	데이 得 děi	칭 ~바 请 ~吧 qǐng ba	쭈이하오 最好 zuìhǎo	잉가이 应该 yīnggāi	야오 要 yào	프에이~뿌커 非~不可 fēi bùkě
바라다	해야 한다	~하세요	제일 좋기는	해야 한다	해야 한다	(강조)

넝 能 néng		
1	2	3
会 huì 습득 능력 기회	천성	可以 kěyǐ 허가 조건이 갖추어짐

따치엔니엔 大前年 dàqiánnián	치엔니엔 前年 qiánnián	취니엔 去年 qùnián	진니엔 今年 jīnnián	밍니엔 明年 míngnián	호우니엔 后年 hòunián	따호우니엔 大后年 dàhòunián
재재작년	재작년	작년	올해	내년	내후년	내내후년

7 다음 문장에서 알맞은 것을 고르시오.

你就是不去给人家道歉，也总得向人家解释一下儿吧。 A. 必定　B. 必要　C. 必须　D. 不必 네가 그에게 사과하지 않더라도 어쨌든 해명은 해야 해.

삐띵 必定 bìdìng	삐쉬 必须 bìxù	중데이 总得 zǒngděi
반드시 그렇게 될 것이다	반드시 ~해야 한다	(반드시)~해야 한다

게이 给 gěi			
동사	전치사	결과보어	전치사
주다, 받다 我给他一本书。	~위하여, ~에게 我给你帮帮忙吧! 我给你介绍一下。	동사 뒤 送给	피동문에서 실행자를 이끈다 书给人撕破了。

비에런 别人 biérén	런쟈 人家 rénjīa
기타 사람 어떤 사람들 / /	/ 어떤 사람들 그, 그들 나 자신

이쌰(얼) 一下(儿) yíxià(r)		
수량사	부사	
한번	단번에	갑자기

8 다음 문장에서 알맞은 곳을 고르시오.

我已经 A 在 B 这个学校 C 教 D 十年了。 了 나는 이 학교에서 가르친 지 이미 10년이 되었다.

러 了 le	
공존 : 동태조사 + 어기조사	동태조사 (흔히) 생략
我看了书了。 책을 보았습니다.	我看书了。 책을 보았습니다.
부정형은 "没(有)+동사" 이며 '了'를 쓸 수 없다. 我没有看书。 정반의문문은 동사+没(有)+동사 혹은"동사+了+没有?"의 형식이다. 你看没看书? 你看了书没有?	

짜이 在 zài	충 从 cóng
주로 동작이 진행되는 장소를 나타낸다. 존재하는 장소	주로 동작이 진행되는 기점을 나타낸다. 출발지, 출발 시간

이징 已经 yǐjīng	청징 曾经 céngjīng	자오 자오찌우 早 / 早就 zǎo zǎojiù	도우 都 dōu
이미, 벌써 객관적 사실	일찍이, 이전에 과거에 있었던 사실	미리, 이미, 오래전에	(어!) 벌써, 심지어 주관적인 놀라는 기분

9 다음 문장에서 알맞은 곳을 고르시오.

昨天晚上我看 A 看 B 我们学过 C 的生词 D。 了 어제 저녁에 나는 우리가 배운 단어를 좀 봤다.

동사의 중첩

단음절동사의 예					쌍음절동사의 예		
AA	A一A	A了A	A了一A	A来A去	ABAB	AB了AB	AB来AB去
想想	想一想	想了想	想了一想	想来想去	研究研究	研究了研究	研究来研究去

1	2	3	4
시간이 짧음을 강조	"가볍게 한번해보다"의 의미	동사 사이에 '一'을 써도 의미의 변화는 없다	'동사+一下'의 형태로도 표현

따치엔티엔 大前天 dàqiántiān	치엔티엔 前天 qiántiān	주오티엔 昨天 zuótiān	진티엔 今天 jīntiān	밍티엔 明天 míngtiān	호우티엔 后天 hòutiān	따호우티엔 大后天 dàhòutiān
그끄저께	그저께	어제	오늘	내일	모레	글피

10 다음 빈칸에 알맞은 것을 고르시오.

我们一起 ________ 吧, 怎么样? A. 讨论讨论 B. 讨论一讨论 C. 讨论了讨论 D. 讨讨论论 우리 토론 좀 해봅시다. 어때요?

동사의 중첩

가볍고 자유스런 어기를 나타낸다 동작의 시간이 짧거나 어떤 동작을 시험 삼아 해본다는 의미를 나타낸다

"동사 + 목적어" 구조인 경우	"A(B)来A(B)去" 구조인 경우
AA + □ 见见面　　AA + □◇ 开开玩笑	想来想去　讨论来讨论去

이콰얼 一块儿 yíkuàir	이치 一起 yìqǐ	이퉁 一同 yìtóng
함께		
(구어)		(서면어)

11 다음 문장에서 알맞은 곳을 고르시오.

看 A 样子 B, 快要 C 下雨 D。 了 보아하니, 곧 비가 올 것 같다.

미래의 표현

장야오 将要 jiāngyào >	콰이야오 快要 kuàiyào >	찌우야오 就要 jiùyào
(가까운) 미래 我们将要毕业。 (서면어)	더 가까운 미래 我们快要毕业了。	더 긴박하고 가까운 미래 我们就要毕业了。
어떤 동작이나 상황이 곧 발생할 것임을 나타낸다 '快' '就'는 미래를 표시하는 시간부사로 대체로'要'와 함께 쓰이며 문장 끝에 흔히 어기조사 '了'를 붙인다 快(要)上课了。 부사 '快'가 붙는 경우 흔히 '要'가 생략되어 "快~了"의 형태가 된다		

시간명사 + 快(要)~了	시간명사 + 就要~了
×	○

칸치라이 看起来 kànqǐlai	칸양즈 看样子 kànyàngzi
보아하니, 보기에 "~한 것 같지만 그렇지 않다" 라는 어감이 강하다	보아하니, ~인듯하다 ~외모로 살펴보니, 보아 짐작하건대 모습을 보고 추측 판단할 때 쓴다

12 다음 빈칸에 알맞은 것을 고르시오.

我想他是会这样做 __ 。

A. 的　　B. 了　　C. 着　　D. 过

내 생각에 그는 이렇게 할 거야.

쩌양(나양) zhèyàng(nàyàng) 这样(那样)	쩌머(나머) zhème(nàme) 这么(那么)
정도 · 방식 · 성질 · 상태	정도 · 방식 · 수량
명사 · 동사를 수식	동사 · 형용사를 수식 부사어로만 쓰임
这样(那样)+동사 这样说 이렇게 말한다 (동작의 방식)	这么(那么)+동사/형용사 这么说 / 这么好 이렇게 말한다 이렇게 좋다 (동작의 방식) / (정도)

후이 会 huì		
동사	조동사	
会 + 명사/一点儿 (운동 · 기능) 능숙하다, 잘하다/좀~	会 + 동사 ~할 수 있다, ~할 줄 안다	(一定) 会 ~ 的 ~할 것이다, ~임에 틀림없다

13 다음 빈칸에 알맞은 것을 고르시오.

你已经吃饭了__?
A. 呢　　B. 吧　　C.的　　D. 过
너는 이미 저녁식사 했지?

마 吗 ma	바 吧 ba	아 啊 a
모두 의문의 어기를 나타낼 수 있다		
상대방에게 긍정이나 부정의 답을 요구할 때	대강 알고 있으나 확실치 않아 상대에게 확인을 바랄 때	놀라거나 뜻밖이라는 어감을 나타낼 때 주로 감탄문에 쓰인다
긍정적 답을 들으려는 정도가 좀 높다	의문의 정도는 '吗'보다 좀 낮다	–

르창성후오 日常生活 rìchángshēnghuó				
치촹 起床 qǐchuáng	쇠야 刷牙 shuāyá	시리엔 洗脸 xǐlián	츠프안 吃饭 chīfàn	쑤이쨔오 睡觉 shuìjiào
기상하다	이를 닦다	세수하다	밥을 먹다	잠을 자다

14 다음 문장에서 알맞은 것을 고르시오.

他答应今天晚上陪我去看电影。
A. 同意　　B. 回答　　C. 允许　　D. 支持
그는 오늘 저녁에 나와 함께 영화 보러 가기로 약속했다.

다잉 答应 dāyìng	후이다 回答 huídá
소리내어 대답하거나 허락하고 동의한다는 뜻 일반적으로 뒤에 인용구가 나오지 않는다	어떤 문제에 설명하거나 자신의 의견을 말하는 것이므로 그 뒤에는 인용구가 나올 때가 많다

자오쌍 早上 zǎoshàng	쌍우 上午 shàngwǔ	중우 中午 zhōngwǔ	쌰우 下午 xiàwǔ	완쌍 晚上 wǎnshàng
아침	오전	정오	오후	저녁

15 다음 빈칸에 알맞은 것을 고르시오.

时间不多了，你一个人 _____ 做完。

A. 不能　B. 不要　C. 不可以　D. 不会

시간이 많지 않은데, 너 혼자 다 할 수 없다.

주관적인 어떤 능력의 유무	객관적인 어떤 가능성의 유무

가능			불가능	
做完	做得完	能做完	做不完	不能做完
끝내다	끝낼 수 있다		끝낼 수 없다	

스지엔 shíjiān 时间	샤오스 xiǎoshí 小时	스호우 shíhòu 时候	디엔 diǎn 点
시간 空 kòng	시간(동안) 钟头 zhōngtou	~때 ~时, ~的时候	시 几点了?

16 다음 빈칸에 알맞은 것을 고르시오.

由于印刷数量太少，这本书在书店都已经 _______ 。

A. 买不了　B. 买不到
C. 买不起　D. 买不来

이 책은 인쇄 수량이 너무 적어서, 서점에서 이미 살 수 없다.

← 가능보어 →

주어 (주체자)	술어	得/不 (보어)	(목적어)
	행위	가능/불가능 (결과)	

마이더따오 买得到 mǎi de dào	마이더치이 买得起 mǎi de qǐ	마이부따오 买不到 mǎi bu dào	마이부치이 买不起 mǎi bu qǐ
상점에 물건 있어서 살 수 있다	충분한 돈이 있어서 살 수 있다	상점에 물건이 없어서 살 수 없다	충분한 돈이 없어서 살 수 없다

요우위 由于 yóuyú	인웨이 因为 yīnwèi
앞의 구 첫머리에 쓰인다 주로 서면어에 쓰인다 所以 因而 因此 以致 등과 배합 ~으로, ~인하여	뒤의 구에도 쓰인다 구어에 쓰인다 所以와 배합

자오 早 zǎo	완 晚 wǎn	콰이 快 kuài	만 慢 màn	두오 多 duō	샤오 少 shǎo	따 大 dà	샤오 小 xiǎo
이르다	늦다	빠르다	느리다	많다	적다	크다	작다

17 다음 빈칸에 알맞은 것을 고르시오.

因为现在我没有钱, 所以 ______ 那台电脑。

A. 买不起　　B. 买得起

C. 卖不出去　　D. 卖得出去

지금은 돈이 없어서 그 컴퓨터를 살 수 없다.

보어의 종류

양태보어 정도보어 결과보어

방향보어 가능보어

수량보어(동량보어/시량보어)

가능보어와 목적어의 위치

목적어 동사 得/不 보어	동사 得/不 보어 목적어	동사 得/不 보어 목적어 보어
皮鞋买不到 구두는 살 수 없다	买不到皮鞋 구두를 살 수 없다	说不出话来 말을 하지 못하다

↲

가능보어가 복합방향보어로 구성되었을 때는 목적어를 복합방향보어 사이에 둔다

18 다음 문장에서 알맞은 곳을 고르시오.

明天你 A 到底 B 去得 C 了去 D 了?

不

내일 당신은 도대체 갈 수 있어요, 없어요?

긍정	부정
동사+가능보어(得)+결과보어	동사+가능보어(不)+결과보어
~할 수 있다	~할 수 없다

(가능보어는 긍정보다 부정의 형태로 많이 쓰인다)

면목이 없다	경멸하다	큰 차이가 없다	시간에 못 대다	참을 수 없다	~일지도 모른다	아쉬워 하다
对不起	看不起	差不多	来不及	受不了	说不定	舍不得
对得起	看得起	差得多	来得及	受得了	–	–
면목이 서다	존경하다	차이가 많다	시간을 맞출 수 있다	참을 수 있다	–	–

가능보어의 형태

술어+得/不+결과보어	술어+得/不+방향보어	술어+得/不+了(liao)	술어+得/不得
看不见	吃不下	来不了	吃不得

19 다음 빈칸에 알맞은 것을 고르시오.

昨天晚上不知为什么，我怎么也 ________。

A. 睡不得着　　B. 不睡着
C. 睡得不着　　D. 睡不着

어제 저녁에 왜 그런지 알 수 없으나, 나는 어떻게 해도 잠을 이룰 수 없었다.

가능			불가능	
睡着	睡得着	能睡着	睡不着	不能睡着
잠들다	잠들 수 있다		잠들 수 없다	

성질 · 상태	방식 · 방법	이유 · 원인
怎么样 어떤/어떻게	怎么 어떻게	为什么/怎么 왜/어째서

20 다음 문장에서 알맞은 것을 고르시오.

你连这点小事都 ________ ，怎么能干大事呢?

A. 做得了　　B. 不做了
C. 做不了　　D. 做了得

이런 조그만 일도 잘 할 수 없는데 어떻게 큰 일을 할 수 있겠나.

동사 + 得了 de liǎo	동사 + 不了 bu liǎo
~할 수 있다	~할 수 없다

(행위에 대한 실현 가능성 여부)

不能+동사	동사+不+보어	不能+동사 / 동사+不+보어
不能来 오면 안 된다 (금지)	来不及 "주관적 생각에 따른 불가능"	不能来 / 来不了 올 수 없다 (불가능)

주어 강조	동사 강조	목적어 강조	주술구 강조
这件事连谁都不知道。	我连看也没看。	他连什么事也不知道。	连他姓什么都不知道。

21 다음 문장에서 알맞은 것을 고르시오.

我今天起 A 床 B 起得比他 C 早多 D。 了 나는 오늘 그보다 훨씬 빨리 일어났다.

비교한 차이

조금일 때　　　　클 때

A比B+형용사+ 一点儿/一些	A比B+동사/형용사+ 得多/多了
今天比昨天热一点儿。 오늘은 어제보다 좀 덥다.	今天比昨天热得多。 오늘은 어제보다 훨씬 덥다.

A比B+형용사+得+보어		A比B+형용사+보어
今天比昨天冷得多。	今天比昨天冷得不得了。	今天比昨天冷多了。
오늘은 어제보다 훨씬 덥다.		오늘은 어제보다 (훨씬) 많이 덥다.

22 다음 문장에서 알맞은 곳을 고르시오.

我 A 认为 B 比健康更 C 重要的 D。 没有 나는 건강보다 더 중요한 일은 없다고 생각한다.

没有比 + 비교대상 + 更/再 + 형용사 + (的)了
~보다 더 ~한 것은 없다(~이 가장 ~하다)
没有比这个再好的了。이것보다 더 좋은 것은 없다.

메이요우비 没有比 méiyǒubǐ	하이요우비 还有比 háiyǒubǐ
~보다 …하는 일은 없다	~보다 더 …하다

런웨이 认为 rènwéi	이웨이 以为 yǐwéi	쥐에더 觉得 juéde
자신이 있는 판단에 쓰이고 때로 조심성이 없다는 느낌	말투는 '认为'보다 조금 약하고, 소극적인 느낌	어기가 약하고 단정적이지 못한 느낌

23 다음 빈칸에 알맞은 것을 고르시오.

我昨天晚上比前天 ______。 A. 睡早了一个小时　　B. 睡了一个小时早 C. 一个小时早睡了　　D. 早睡了一个小时 나는 어제 저녁에 그저께보다 한 시간 일찍 잤다.

A 比 B	자오 早 zǎo 완 晚 wǎn 두오 多 duō 사오 少 shǎo	동사 (1음절)	수량보어

A는 B보다 ~하다 ~만큼

ㄴ 일찍/늦게/많이/적게

他今天比我早来了一个小时。 그는 오늘 나보다 한 시간 일찍 왔다.

동량보어	시량보어
동작의 진행 횟수	동작의 진행 시간

비교의 방법

보다 ~	훨씬 ~	조금 ~	구체적 수치	관용구 ~마다
A比B 还/更 술어	A比B 술어 得多/多了	A比B 술어 一点儿/一些	A比B 술어 수량구	一 A′比 一 A′

24 다음 빈칸에 알맞은 것을 고르시오.

看到这张老照片，我似乎又回到了____ 遥远的故乡。

A. 这么　B. 那么　C. 这　D. 那

이 오래된 사진을 보면 나는 마치 또 그 멀고 먼 고향에 돌아온 듯하다.

하오썅 好像 hǎoxiàng	칸라이 看来 kànlai	쓰후 似乎 sìhū
(겉으로 판단하기에) ~같이 보인다	~같이 보인다	~같이 보인다
자기의 말하고자 하는 것을 충분히 단정할 수 없을 때	(봤을 때) 객관적 근거에 따라 상황을 추측할 때	"(생각한 뒤) 확실히 잘라 말할 수 없지만"이라는 뉘앙스

好像	(好)像~似的/一样	(不)像~这么/那么	似乎~一样/似的
그는 마치 ~같다	마치 ~인듯하다	마치 ~처럼 (그렇게)	마치 ~인듯하다

하이 还 hái	짜이 再 zài	요우 又 yòu	충 重 chóng
일정한 장면이나 문맥에서 중복	앞으로 중복할 동작	이미 중복된 동작	같은 동작의 중복
미래 의문문 서술문	명령문, (의문문)	의문문 서술문	제약 없음

25 다음 문장에서 알맞은 곳을 고르시오.

我 A 今天 B 起 C 比哪天都 D 早。 得 나는 오늘 어느 날보다도 일찍 일어났다.

동사 + 得 + 보어 행동패턴

주어 (주체자)	술어	得	(보어)
	행위	得	습관 성격

일상행위의 습관적 패턴

도우 都 dōu			
모두	심지어, ~조차도	이미	책망 원인의 어기
(범위를 총괄)	(흔히 '连'과 함께 쓰임)	(뒤에 '了'가 온다)	都是 + ○

26 다음 빈칸에 알맞은 것을 고르시오.

别看电视了, ______ 吃饭。 A. 好 B. 好好 C. 很好 D. 好一好 그만 TV봐, 밥을 잘 먹어야지.

형용사의 중첩
성질이나 정도가 심화됨을 나타낸다 매우 ~ A처럼 B하다

很 / 不 + 형용사 중첩식 (×)

別~了

别说了。	别弄了。	别自作多情了。
됐어요, 그만 말하시오.	하지 마시오.	다정다감한 척하지 마시오.

명령 · 금지

부야오 不要 búyào	비에 别 bié	사오 少 shǎo
하지 말라	하지 말라	조금 ~해라

少说几句!(조금 말을 줄여라)

27 다음 빈칸에 알맞은 것을 고르시오.

他穿得 ______ ，根本就不知道什么叫做时髦。

A. 土里土气　　B. 土气土气
C. 土土气气　　D. 土气里气

그는 촌티 나게 입어서, 아예 유행이라는 것을 모르고 있다.

형용사의 중첩

일반적으로 생동감을 나타내며 항상 사물을 묘사하는 데 쓴다			
1. 수월하고 가뿐한 의미	2. 성질·정도가 심화	3. 부정적이고 나쁜 의미	4. A처럼 B하다
AA(儿)	ABB　AABB	A里AB	AB AB
好好(儿) 잘	热乎乎　高高兴兴 뜨끈뜨끈하다　즐겁다	糊里糊涂 어리둥절하다	雪白雪白 눈처럼 하얗다
성질형용사(1, 2, 3)			상태형용사(4)

스마오 时髦 shímáo	모덩 摩登 módēng
최신식, 현대적이다	모던, 현대적이다

28 다음 빈칸에 알맞은 것을 고르시오.

____ 到了这个地步，那 ____ 不算了吧。

A. 虽然… 但是…　　B. 即使… 那么…
C. 因为… 所以…　　D. 既然… 就…

기왕에 이 지경이 되었으니, 그만 둬라.

원인	결과	원인 · 결과	인과의 추론
因为 由于	所以 因此	因为~所以 由于~因此	既然 既是

↲ 구절 하나가 전제조건을 제시하면 또 다른 구절은 전제조건으로부터 추론해 낼 수 있는 결과를 나타낸다. 이러한 복문은 추론관계의 인과복문이라고 한다.

바 吧 ba			
명령	요구	권유	추측
你快走吧。 빨리 가세요.	帮我一个忙吧。 나를 좀 도와주세요.	请多多吃吧。 많이 드세요.	他大概已经走了吧。 그는 이미 갔겠지요.

요청 · 권고 · 명령 · 상의 · 동의 등	긍정적이지 않은 어기	'동의'의 뜻
[명령문]	[의문문]	'好' '行' '可以' 등의 뒤

29 다음 빈칸에 알맞은 것을 고르시오.

____ 防备下雨，他带了一把雨伞。

A. 以便　　B. 因为　　C. 只要　　D. 为了

비에 대비하기 위해 그는 우산을 가지고 왔다.

인웨이 因为 yīnwèi	웨이러 为了 wèile
인과관계 因为 ~ 所以	행위의 목적을 나타낸다 为了+ 술어 + 목적어

30 다음 빈칸에 알맞은 것을 고르시오.

他要调整自己，改进自己，____ 更能适应环境。 A. 所以　B. 以便　C. 而且　D. 只有 그는 환경에 잘 적응할 수 있도록 자신을 컨트롤하고 개선해 보려고 하였다.

B, 이삐엔 以便 yǐbiàn A	B, 이 以 yǐ A
목적을 더욱 쉽게 실현함을 나타낸다	목적만을 나타낸다 以+이음절동사+A
A할 수 있도록 (B는 A하기 위해서 이다)	

쯔지 自己 zìjǐ	런자 人家 rénjiā
어떤 특정인을 가리킨다 정해지지 않은 임의의 사람을 가리킨다 명사나 대명사 뒤에 쓰여 강조한다	다른 사람을 가리킨다 - 남(다른 사람) 임의의 사람을 가리킨다 - 그 사람, 그 말하는 사람 자신을 가리킨다 - 나(친밀감)

31 다음 문장에서 알맞은 것을 고르시오.

哪怕是小问题，他也不轻易放过。 A. 如果　B. 即使　C. 因为　D. 所以 설사 작은 문제라 하더라도 그는 함부로 넘어가지 않는다.

나파 哪怕 nǎpà	≥	지스　찌우스 即使 · 就是 jíshǐ　jiùshi
↳ (구어체) "설령 ~하더라도 문제가 되지 않는다"는 뉘앙스		
설사 ~하더라도		

32 다음 빈칸에 알맞은 것을 고르시오.

他 ____ 身体不好，每天还是坚持上班。 A. 不管　B. 无论　C. 不论　D. 尽管 그는 몸이 좋지 않지만 매일 출근하고 있다.

진관 尽管 jǐnguǎn …但是/可是…	뿌관 不管 bùguǎn …都/也…
접속사로서 단어나 문장을 이어준다	
뒤에 오는 내용이 확정적이고 발생한 것이다	뒤에 오는 내용이 불확정적이고 발생하지 않은 것이다
≒ 虽然 suīrán	≒ 无论 wúlùn

하이쓰 还是 háishi		
(부사) 여전히	(부사) ~하는 편이 (더) 좋겠다	(접속사) 또는, 아니면
○	下午可能有雨， 还是带上雨伞吧。 오후에 비가 오겠으니, 우산을 지니는 것이 좋겠다.	你去还是我去? 네가 가느냐 아니면 내가 가느냐?

바오츠 保持 bǎochí	지엔츠 坚持 jiānchí	웨이츠 维持 wéichí
(원래의 상태) 지키다, 유지하다	(주장을) 견지하다, 고수하다	(관계 질서 등) 유지하다

33 다음 빈칸에 알맞은 것을 고르시오.

____ 这种车的外形不是很漂亮，质量却很好。 A. 尽管　B. 不管　C. 无论　D. 不论 비록 이 차의 외관은 보기 좋지 않지만 품질은 좋다.

진관 尽管 jǐnguǎn	
접속사 비록 ~일지라도, ~임에도 불구하고 ≒ 虽然 suīrán	부사 마음껏, 실컷 서슴없이 ≒ 只管 zhǐguǎn
앞의 문장에 서술한 내용에 대해서 뒤의 문장에서 그것과 상반되는 내용을 서술할 때 쓰여지는 접속사가 '虽然'과 '尽管'이다. '尽管'은 양보의 의미일 때에도 쓰인다	뒤에 나오는 동사는 부정형을 쓸 수 없으며 동태조사를 동반할 수 없다. 예 : 你有什么问题, 尽管问他好了! (무슨 문제가 있으면 얼마든지 물어도 좋다)

취에 却 què	딴 但 dàn
(부사) 주어 뒤 대비관계 / 주관성분 오히려	(접속사) 주어 앞 전환관계 / 객관성분 그러나

34 다음 문장에서 알맞은 곳을 고르시오.

你看 A 老张 B 和 C 他 D 儿子多亲热呀。 人家 장씨와 그의 아들이 얼마나 다정한지 좀 보세요.

런쟈 人家 rénjiā		
어떤 사람 또는 사람들을 가리킨다 '他'와 의미가 비슷하거나 '타인들'이라는 의미를 갖는다 뒤에 동격어 인명이 올 수 있다 간혹 말하는 사람 본인 또는 앞에서 언급한 사람을 가리킬 수 있다		
남(다른 사람)	그 사람, 그	나 (친밀감)

칸 看 kàn		
보다	~라고 여기다	~에 달려 있다
我看小说。 나는 소설을 읽습니다.	你看他会来吗? 네가 보기에 그가 올 것 같니?	这件事全看你了。 이 일은 전부 당신에게 달려 있다.

35 다음 빈칸에 알맞은 것을 고르시오.

这篇课文长 __ 长, 可是不太难。

A. 是　B. 一　C. 不　D. 了

이 본문은 길기는 해도 그다지 어렵지 않다.

비록 A일지라도, A하긴 합니다만

A 是 A , 但是 / 可是 / 不过 ~

먼저 어떤 사실을 인정하거나 긍정하고 바로 어기를 전환하여 핵심적인 의미를 표현할 때 사용한다

예 A : 你有钱吗?　B : 有是有, 但是不多。

A 是 A ~	A 就 A ~
[양보] 有是有, 但是不多。 있지만 많지는 않아요.	[용납] 写就写, 你以为我不会吗? 쓰라면 쓰지 뭐, 내가 못할 줄 알아

어기의 강도

딴쓰 但是 dànshì　>	커쓰 可是 kěshì　>	부꾸오 不过 búguò
'虽然' '尽管'과 호응	×	×
단어・단어결합을 연결	×	×
×	(부사) 참으로, 대단히	(부사) 다만, 겨우

부분부정

부타이 bútài 不太	뿌중 bùzǒng 不总	뿌도우 bùdōu 不都	뿌헌 bùhěn 不很	뿌이띵 bùyídìng 不一定
그다지 ~하지 않다	모두 ~하는 것은 아니다	모두 ~하는 것은 아니다	그렇게 ~하지는 않다	반드시 ~하는 것은 아니다

전체부정

타이뿌 tàibù 太不	중뿌 zǒngbù 总不	도우뿌 dōubù 都不	헌뿌 hěnbù 很不	이띵뿌 yídìngbù 一定不
너무 ~않다	언제나 ~않다	모두 ~않다	전혀 ~않다	반드시 ~않다

36 다음 빈칸에 알맞은 것을 고르시오.

_____我们一起努力，____一定能找到解决问题的办法。

A. 只要 就　　B. 除非 才

C. 无论 也　　D. 即使 也

우리가 함께 노력하기만 하면 반드시 문제를 해결할 방법을 찾을 수 있을 것이다.

필수조건 ↓　　충분조건 ↓

즈요우 只有 A，차이 才 B	즈야오 只要 A，찌우 就 B
A는 조건이고 B는 결과이다	
반드시 조건 A가 있어야 결과 B가 있게 된다	조건 A가 있으면 반드시 결과 B가 있게 된다

이띵 一定 yídìng		
1인칭에 쓰일 때	2인칭 3인칭에 쓰일 때	一定 ○ 동사/형용사
의지가 굳음을 나타낸다	요구가 절실하거나 어떤 일에 대한 추측에 매우 자신이 있음을 나타낸다	↑ 자주 조동사 '要' '能' '会' 등이 쓰인다

즈요우 zhǐyǒu 只有	즈야오 zhǐyào 只要	즈쓰 zhǐshì 只是	즈하오 zhǐhǎo 只好
오직 ~해야만	다만 ~하기만 하면	다만 ~일 뿐이다	다만 ~하는 수밖에 없다

37 다음 빈칸에 알맞은 것을 고르시오.

不管你 ______________，我都会耐心地等下去。

A. 还是愿意不愿意　　B. 愿意不愿意还是

C. 愿意还是不愿意　　D. 不愿意还是愿意

당신이 원하든 원치 않던 나는 참을성 있게 기다릴 것이다.

不管　긍정 ＋ 부정 ＋ 부사(总, 都, 一定……)

▽

동사 ＋ 不 ＋ 동사 (형용사+不+형용사)

不管/无论/不论	~	都/也/总/反正

↑

1	2	3
선택의문문 형태	정반의문문 형태	의문대명사 형태
A 还是/或是 B	긍정 ＋ 부정	什么 多么 怎么 등

나이프안　耐烦 nàifán	나이신 耐心 nàixīn
견디다 주로 부정형인 '不耐烦'으로 쓰인다	인내심(이 강하다) 마음이 조급하지 않고 불편한 것을 참다

38 다음 빈칸에 알맞은 것을 고르시오.

这种做法, ____ 不贯用 ____ 不经济。
A. 既~又　　B. 也~也
C. 或~或　　D. 连~连
이렇게 하는 방법은 쓸모가 없고 또 경제적이지도 않다.

찌 既 jì A 요우 又 yòu B
…하고 또 ~하다, …하면서 또 ~하다 두 가지 성질이나 상황이 동시에 존재함을 나타낸다
AB에 동사나 형용사가 온다

동작 성질 상황이 동시에 존재

又 A 又 B	也 A 也 B	既 A 又 B	既 A 也 B
~이기도 하고 ~이기도 하다 동일 주어	~도 하고 ~도 하다 다른 주어	~이기도 하고 ~이기도 하다 동일 주어	~이기도 하고 ~이기도 하다 동일 주어
동사/형용사	동사	동사/형용사	동사

39 다음 문장에서 알맞은 곳을 고르시오.

天气一变 A, B 他 C 犯病 D。
就
날씨만 변하면 그는 병이 난다.

하나의 동작이나 상황이 발생한 후, 곧이어 다른 동작이나 상황이 발생함을 나타낸다 ~하자마자 ~하다	어떤 동작이나 상황이 발생하면 예외 없이 곧 이어서 또 다른 동작이나 상황이 발생함을 나타낸다 ~하기만하면 곧 ~한다
시간적인 긴밀성	조건과 결과
我一看就明白。 나는 보자마자 알았습니다.	一到春天, 迎春化就开了。 봄이 오면 개나리가 핀다.

一 ~ 就	了 ~ 就
~하자마자 ~하다	~하고나서 ~하다

40 다음 문장에서 알맞은 것을 고르시오.

刚才 A 你 B 问的这个问题 C 我 D 回答不了，我的老师也回答不了。 不但 방금 네가 질문한 이 문제는 내가 답할 수 없을 뿐만 아니라 나의 선생님도 답할 수 없다.

비단 ~일뿐만 아니라(게다가) ~하기도 하다 ~하고, 게다가 ~하다	
A	B
부딴(不但) búidàn ↑↓ 뿌진(不仅) bùjǐn 뿌즈(不只) bùzhǐ 뿌구왕(不光) bùguāng 뿌진진(不仅仅) bùjǐnjǐn	얼치에(而且) érqiě ↑↓ 삥치에(并且) bìngqiě 이에(也) yě 하이(还) hái 선쯔(甚至) shènzhì 선쯔위(甚至于) shènzhìyú
바꿔 쓸 수 있으며 의미는 기본적으로 같다 (생략할 수 있다. 생략하면 의미는 약화된다)	

41 다음 문장에서 알맞은 것을 고르시오.

我好心帮助他，他反而骂了一顿。 A. 却　B. 反对　C. 到底　D. 并且 나는 좋은 의도로 그를 도와 준 건데, 그는 오히려 나를 욕했다.

의미상의 전후 대비 부딴(不但)/뿌진(不仅) ＋ (不/没) A，反而/还 B~ 부정사

방쭈 帮助 bāngzhù	짠쭈 赞助 zànzhù	위엔쭈 援助 yuánzhù
도와주다	찬조하다	원조하다

42 다음 빈칸에 알맞은 것을 고르시오.

这些事情 ____ 我感动。

A. 把　B. 让　C. 被　D. 由

이러한 일은 나를 감동시켰다.

랑 让 ràng		
양보하다	시키다	당하다
让一让	(사역)	(피동)

사역	사역 · (수동)	
스 使 shǐ	랑 让 ràng	쨔오 叫 jiào
사역의 전용어이다. '使'뒤의 술어로 흔히 '感动''高兴''满意'등이 '很''十分''非常' 등의 부사와 함께 쓰인다.	'让'은 일인칭대명사 '我''我们'을 실행자로 하여 "자 합시다" 라는 뜻으로 풀이 된다.	叫他拿来。 그더러 가지고 오게해라!

겸어문에 자주 쓰이는 동사

사역	심리 활동	판단 소유
让 请 叫 使 …	喜欢 讨厌 欣赏 …	是 有 没有 …

43 다음 문장에서 알맞은 것을 고르시오.

金老师不叫大家抽烟了。

A. 告诉　B. 命令　C. 招呼　D. 容许

김 선생님은 그 누구도 담배를 피우지 못하게 하였다.

사역동사 '叫'는 어떤 동작이나 작용을 일으키는 것에 대해 '용인한다'는 의미이다.

짜오 叫 jiào		
부르다	시키다	당하다
A 叫 B	(사역)	(피동)

44 다음 빈칸에 알맞은 것을 고르시오.

他的病一天天地好 ____了。

A. 起来　　B. 上来　　C. 下来　　D. 上去

그의 병은 하루하루 좋아졌다.

형용사 + 起来/下来

강 ↑	热闹起来	胖起来	硬起来
약 ↓	安静下来	瘦下来	软下来

"형용사+起来/下来"와 "동사+起来/下来"의 비교

형용사		동사	
起来	下来	起来	下来
적극적인 의미를 지닌 형용사 뒤	소극적인 의미를 지닌 형용사 뒤	동작이 시작되어 계속 진행됨을 나타낸다 / 동작의 완성이나 목적의 달성을 나타낸다	동작을 통해 사람이나 사물이 고정되어 사라지지 않도록 한다는 의미(동작의 완성 혹은 결과)

45 다음 문장에서 알맞은 것을 고르시오.

我是了解金老师的，他<u>向来</u>如此。

A. 从来　　B. 原来　　C. 近来　D. 过去

내가 김 선생님을 아는데 그는 늘 이러셔.

과거의 한 시기부터 지금까지

충 cóng 从	충라이 cónglái 从来	썅라이 xiànglái 向来	리라이 lìlái 历来
从+不/未 부정문	부정문/긍정문	긍정문/부정문	긍정문

즈다오 知道 zhīdao	랴오지에 了解 liǎojiě
어떤 사람이나 일 혹은 상황을 알다 목적어 : 명사/문장	이해하다, 잘 알고 있다 목적어 : 명사

46 다음 빈칸에 알맞은 것을 고르시오.

这一论点已 __ 无数事实所证明。

A. 是　　B. 被　　C. 把　　D. 在

이 논점은 수많은 사실들로 이미 증명되었다.

所 + 일음절동사	(所) + 이음절동사
조사 '所'를 생략할 수 없다	조사 '所'를 생략할 수 있다

동작의 대상 + 被/为wéi+ 동작의 주체자 + 所 + 동사
(주어)　　　　　　(목적어)
'所'는 '被'/'为'와 호응하여 피동을 강조한다

수오 所 suǒ		
所 + 동사	被/为 ~ 所	所 ~ 的
명사성 어구	피동	문장성분

'把'자문과 '被'자문의 차이

'把'자문	'被'자문
주어 | 把 | 목적어 | 동사 (시동자)　(수동자)	주어 | 被 | 목적어 | 동사 (수동자)　(시동자)
주어가 수동자를 어떻게 처리하였는가를 강조한다.	피동을 강조하고 주어가 당하는 상황을 설명한다.

(시동자 : 동작행위의 주체　수동자 : 동작행위의 대상)

47 다음 문장에서 알맞은 것을 고르시오.

这个数码相机 ____。
A. 让弄坏了　B. 把弄坏了　C. 给弄坏了　D. 被弄坏了
이 디지털 카메라는 고장났다.

실행자가 나타나지 않은 피동문

주어	뻬이 被 bèi	동사	~

48 다음 빈칸에 알맞은 것을 고르시오.

你 ________ 转交给他吗?
A. 把这本书能　B. 能把这本书
C. 把这本书可以　D. 把这本书能不能
당신은 이 책을 그에게 전해주실 수 있습니까?

주어	바 把 bǎ	목적어	동사	결과보어	목적어

▽

'在' '到' '成' '给'

반드시 '把'자문을 써야 하는 경우

어떤 특정한 목적어를 어떤 장소로 이동시킬 때	어떤 특정한 목적어의 형태를 변화시킬 때	어떤 특정한 목적어와 관계를 변화시킬 때
예 : 把 ~ 送到	把 ~ 换成	把 ~ 交给

49 다음 문장에서 알맞은 것을 고르시오.

我 A 昨天 B 把这些礼物 C 送 D 给我朋友。
没
나는 어제 이 예물을 내 친구에게 보내지 않았다.

没(有) + 把

'被'자문	'把'자문
어기조사 '저(着)'는 쓸 수 없다 동사중첩을 할 수 없다	어기조사 '구오(过)'는 쓸 수 없다 동사중첩을 할 수 있다
가능보어는 쓸 수 없다 동사 앞에 '게이'(给)를 써서 어기를 강조할 수 있다	

동사+결과보어(给)

지에게이 jiègěi 借给	환게이 huángěi 还给	숭게이 sònggěi 送给	쟈오게이 jiāogěi 交给
빌려주다	돌려주다	보내주다	넘겨주다

찌게이 jìgěi 寄给	자오게이 zhǎogěi 找给	띠게이 dìgěi 递给	쟈오게이 jiāogěi 教给
부쳐주다	거슬러주다	건네주다	가르쳐주다

[대체로 단음절동사가 给와 결합, 두 개의 목적어]

50 다음 빈칸에 알맞은 것을 고르시오.

昨天他是坐飞机来 __ 。 A. 吧　B. 了　C. 着　D. 的 어제 그는 비행기를 타고 왔다.

이미 발생한 동작의 시간·장소·방식 등을 강조한다 과거 他是从南方来的。 他不是从南方来的。	관점·견해·태도 등에 대한 긍정적 어기를 강조한다 과거·현재·미래 他是很会唱歌的。 他是不会唱歌的。	사람 혹은 사물의 유별을 나타낸다 A : 他是什么老师? B : 他是教汉语的。
是……的		

판단	강조
是 (명사/대명사/형용사/동사/동사구) [명사구] 的	是 동사구/형용사구 또는 절 的
주로 귀납에 사용되며 출처 근원 직업 용도 등을 설명한다	명사나 명사구가 올 수 없다

↓

주어 + 是 + 술어 + 的
소속(소유) 재료 분류 장소(출처) 및 목적을 나타낼 때 사용하며 '是'와 '的'은 반드시 같이 사용해야 한다

51 다음 문장에서 알맞은 곳을 고르시오.

这 A 两位是3月5号 B 晚上 C 到 D 这儿。 的 이 두 분은 3월 5일 저녁에 이곳에 도착했습니다.

주어	주어
(是)	(是)
시간/장소/방식/행동하는 사람	시간/장소/방식/행동하는 사람
동사	동사
목적어	的
的	목적어
긍정문에서 '是'는 생략할 수가 있다. 회화에서 자주 생략된다. '목적어가 인칭대명사인 경우나 목적어 뒤에 방향보어가 붙을 경우 '的'은 반드시 문장 끝에 위치해야 한다. 목적어가 일반명사일 경우에는 "동사+的+목적어"와 "동사+목적어+的"의 어순이 모두 가능하다. 昨天你是几点睡的觉?(○) 昨天你是几点睡觉的?(○)(너는 어제 몇 시에 잠을 잤니?)	

52 다음 빈칸에 알맞은 것을 고르시오.

就算他说得 __ 好也说不过你。 A. 更 B. 又 C. 再 D. 还 그가 아무리 말을 잘해도 너를 말로 꺾을 수 없다.

'再'의 용법

다시/더욱 짜이 再 zài	더 이상 再也+부정형	아무리 ~하여도 再~也+부정형	~다음에 等/先 ~ 再
再教我一次好吗?	从此以后, 他再也不赌博了。	再漂亮的小姐, 他也不喜欢。	等雨亭了后再走吧。

没有比A再(更)好的了。	再(最)好没有了。	再(最)好不过了。	好得不能再(更)好了。
A보다 더 좋은 것은 없다	더 좋은 것은 없다	더 좋을 수 없다	더 이상 좋을 수 없다
최상급			

53 다음 문장에서 알맞은 곳을 고르시오.

你 A 找不到自己的书了问我 B, 我 C 知道 D? 怎么 너는 자기 책을 찾지 못하고 나에게 물으니 내가 어떻게 알겠어?

怎么 + 동사 ? = 当然 不 동사 怎么 不 동사 ? = 当然 + 동사	怎么+个+동사+法 = 怎么+동사 (汉语怎么个学法才好?=汉语怎么学才好?)
의문대명사를 사용한 반어문	동작의 원인이나 상황, 방식

54 다음 문장에서 알맞은 것을 고르시오.

我恐怕迟到，一早就起来了。

A. 大概　　B. 担心　　C. 可能　　D. 已经

나는 늦을까봐 걱정되어 아침 일찍 일어났다.

파 怕 pà	커파 可怕 kěpà	쿵파 恐怕 kǒngpà
자신의 예상이나 제3자의 입장을 서술할 때 쓰인다 아마 (부사) 무서워하다 두려워하다 (동사)	두렵다 무섭다 (형용사)	주로 자신의 예상을 얘기할 때 쓰인다 (부사) (나쁜 결과를 예상하여) "아마 ~일 것이다"라는 의미로 쓰일 때 인칭대명사 앞에 놓인다 (동사)염려하다

쿵파 恐怕 kǒngpà	따까이 大概 dàgài	이에쉬 也许 yěxǔ
아마, 어쩌면 (좋지 않은 일을 예측)	아마 (단순한 추측)	어쩌면 ~일지도 모른다

단신 担心 dānxīn	프에이신 费心 fèixīn	차오신 操心 cāoxīn
걱정하다	신경쓰다	애태우다

55 다음 문장에서 알맞은 것을 고르시오.

他毕竟是成年人了，这个道理应该懂。

A. 居然　　B. 到底　　C. 明明　　D. 清楚

어쨌든 그도 어른이니까 이 정도의 도리는 이해할 거야.

지우찡 究竟 jiūjìng	삐찡 毕竟 bìjìng
의문문에 많이 쓴다 간혹 긍정문에 쓴다	긍정문에만 쓴다 (서면어)
진술문에서 '필경'이란 뜻을 나타낼 때 바꾸어 쓸 수 있다	

따오디 到底 dàodǐ	
(부사) 도대체, 마침내 你到底去不去? 너 도대체 갈거니 안 갈거니?	(동사) 끝까지 하다 顺着这条路走到底就到学校了。 이 길을 따라서 끝까지 가면 학교에 도착한다.

56 다음 문장에서 알맞은 곳을 고르시오.

A 我 B 多次想对他说, C 但是 D 没有说出口。 终于 나는 여러 차례 그에게 말하고 싶었으나 결국 말하지 못했다.

따오디 到底 dàodǐ	중위 终于 zhōngyú
비교적 긴 시간과 과정을 거쳐서 어떤 상황 혹은 결과가 나왔다는 사실을 나타낸다 결국 마침내	
我想了很久, 到底[终于]明白了。	

57 다음 빈칸에 알맞은 것을 고르시오.

你猜, 那个相扑运动员有 ______ ? A. 多重　　B. 多少重量 C. 多大重　　D. 不多么重量 너 그 씨름선수가 얼마나 무거운지 알아 맞춰봐.

요우 有 yǒu		
존재 · 소유	물음	추측
있다, 존재하다, 생기다	주로 '多'와 함께 쓰인다	수량 중량 크기 정도 시간 거리 등을 짐작한다는 의미

두오 多 duō

+

따 大 dà	창 长 cháng	가오 高 gāo	위엔 远 yuǎn	콰이 快 kuài	중 重 zhòng	호우 厚 hòu	콴 宽 kuān	선 深 shēn
크다	길다	높다	멀다	빠르다	무겁다	두껍다	넓다	깊다

'**多**'는 부사로서 보통 뒤에 형용사를 받아 "얼마나~하겠는가?"라는 의문문("**多**~?") 혹은 감탄문("**多**~**啊**!")이 된다. 이때 형용사는 대부분 단음절이다.

58 다음 빈칸에 알맞은 것을 고르시오.

我们要 ____ 这个问题进行讨论。

A. 对　B. 对于　C. 关于　D. 有关

우리들은 이 문제에 대하여 토론 하려고 한다.

뚜이 对 duì ≥	뚜이위 对于 duìyú
동작의 대상(사람 사물)을 이끌어낸다 (~에게, ~을 향하여, ~에 대해)	능원동사/부사+对于 (×) 사람+对于+사람 (×)

뚜이위 对于 duìyú	관위 关于 guānyú	쯔위 至于 zhìyú
막연한 문제, 동작 행위의 대상과 주관적 태도	구체적 대상(중국어 학습 등산 등) 사물의 범위 내용 및 사물과 관련 있는 사람과 일	화제를 이끌어 낸다 항상 주어 앞에 쓰인다

59 다음 빈칸에 알맞은 것을 고르시오.

我从来就没考虑 __ 他父母的感受。

A. 着　B. 过　C. 了　D. 的

나는 여태껏 부모님의 느낌을 고려해본 적이 없다.

충라이 从来 cónglái	썅라이 向来 xiànglái
이제껏 여태껏 보통 뒤에 부정형이 온다 从来没有 ~ 过 여지껏 ~적이 없다	본래부터 여태까지 보통 뒤에 부정형이 온다

从来+没(有)+동사+过	曾经+동사+过
보통 뒤에 부정형이 온다 从来没有来过。 (여지껏 온 적이 없다)	보통 뒤에 긍정형이 온다 曾经来过。 (일찍이 온 적이 있다)

간쏘우 感受 gǎnshòu	간샹 感想 gǎnxiǎng	간추 感触 gǎnchù
느낌, 체득	감상, 소감	감개, 감동

60 다음 문장에서 알맞은 것을 고르시오.

> 我每天学习 ______ 的汉语。
>
> A. 两个小时半　　B. 两个半小时
>
> C. 半两个小时　　D. 半个两小时
>
> 나는 매일 2시간 반씩 중국어를 공부한다.

빤 半 bàn

숫자+양사+半+명사
两个半小时 2시간 30분

양사를 사용하지 않는 '年' '天' '点' 등의 명사 앞에 쓴다	일반적으로 양사 앞에서 '两'을 쓰고 '二'을 쓰지 않는다	양사가 도량형 단위인 경우 '二'과 '两' 모두 쓸 수 있다
两家　两天　两点	两个　两本　两件 …	二公斤/两公斤 二公里/两公里

시 각	시 간
디엔 点 diǎn 시 프언 分 fēn 분 먀오 秒 miāo 초	샤오스 小时 xiǎoshí 시간 프언중 分钟 fēnzhōng 분(간) 먀오 秒 miāo 초

61 다음 빈칸에 알맞은 것을 고르시오.

现在这里很冷，__________。

A. 下雪下三天了　　B. 三天下雪了

C. 下雪下了三天了　　D. 下三天雪了

지금 여기는 춥고 3일 동안 눈이 내리고 있다.

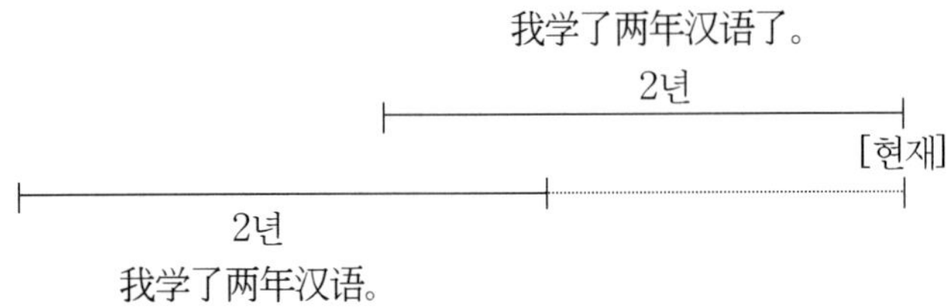

△ [차이] ▽

我学汉语学了两年。	我学汉语学了两年了。
과거 중 어느 시기에 중국어를 2년 동안 배웠다	중국어를 배우기 시작해 현재까지 2년이 경과됐다

주어+[동사·목적어]+동사+시량보어				
我	学	汉语	学了	两年。
我	等	你	等了	二十分钟。

동사 목적어 시량보어	동사 시량보어 목적어	목적어, 동사 시량보어
목적어가 대명사인 경우 我等了你二十分钟。	목적어가 인칭대명사가 아닌 경우 我学了两年(的)汉语。	汉语，我学了两年。

62 다음 빈칸에 알맞은 것을 고르시오.

昨天晚上他们一起 ______ 。

A. 三个小时跳了舞　　B. 跳三个小时舞了
C. 跳舞了三个小时　　D. 跳舞跳了三个小时

어제 저녁에 그들은 함께 3시간 동안 춤을 추었다.

◇ 了 + 시량보어 □	◇□ ◇ 了 + 시량보어
이합사의 동사부분 / 이합사의 목적어부분	이합사 / 이합사의 동사부분

他生了三个星期(的)病。	他生病生了三个星期。	他生病了三个星期。
○	○	×

63 다음 빈칸에 알맞은 것을 고르시오.

他的书包里装了______ 。

A. 五多本书　　B. 十多本书
C. 多十本书　　D. 十本书多

그의 책가방에 10여 권의 책이 담겨 있었다.

어림수

숫자+多 : 그 수를 초과했음을 나타낸다	
숫자+ 多 + [양사] + [명사] 这件衣服三十多块[钱]。 (이 옷은 30원 정도 이다)	[양사] + [명사] + 숫자 + 多 这些橘子三斤多。 (이 귤은 3근 남짓이다)

수사 + 양사 + 명사

↓

개수(대략의 숫자)

수사(0으로 끝남) +라이(来)/두오(多)+양사+명사	수사(1-9로 끝남) +양사+라이(来)/두오(多)+명사
三十来个学生	一个来月
라이 来 lái	두오 多 duō
~정도 ± 1~2	~남짓 + 1~2

64 다음 빈칸에 알맞은 것을 고르시오.

我这些东西一共是 ______ 。

A. 三块四毛五　　B. 三块零四十五分
C. 三块零四毛零五分　　D. 三块四十五分

이것들은 모두 3.45원입니다.

런민삐 人民币 rénmínbì

단위	구어
위엔 元 yuán = 10角 쟈오 角 jiǎo = 10分 프언 分 fēn	콰이 块 kuài 마오 毛 mǎo

각국 화폐의 단위

한삐 韩币 hánbì	르위엔 日元 rìyuán	메이위엔 美元 měiyuán	잉방 英镑 yīngbāng	프아랑 法郎 fàláng	마커 马克 mǎkè	루뿌 卢布 lúbù	리라 里拉 lǐlā
한국	일본	미국	영국	프랑스	독일	러시아	이탈리아

꽁 共 gòng / 이꽁 一共 yígòng / 중꽁 总共 zǒngòng
모두, 합쳐서 [총괄] 보통 뒤에 수량사가 온다

65 다음 빈칸에 알맞은 것을 고르시오.

从这儿到学校有 ____ 三四公里。 A. 那里 B. 那么 C. 这些 D. 那些 여기에서 학교까지는 대략 3, 4키로미터이다.

'那么'+수량사 '가량' '정도'의 뜻을 나타낸다

상용구문

从 A 到 B	A 离 B
시간 장소의 범위	거리 간격

66 다음 빈칸에 알맞은 것을 고르시오.

我家 __ 地铁站只有五十米。 A. 从 B. 往 C. 向 D. 离 우리 집에서 지하철역까지는 50미터밖에 안 된다.

충 从 cóng	리 离 lí
출발지, 출발 시간을 나타낸다 学校从这儿很远。(×)	두 장소 사이의 거리, 두 시간사이의 간격을 나타낸다 学校离这儿很远。(○)
주로 시간적 기점·경과	주로 시간적 공간적 거리

리 离 lí		
시간적 거리	공간적 거리	추상적 의미의 거리
离学校不远了。	离上课还有十分钟。	~
…부터, …에 비하면, …에서 ~까지는		

교통수단

띠티에 地铁 dìtiě	궁꿍치처 公共汽车 gōnggòngqìchē	추주처 出租车 chūzūchē	쯔싱처 自行车 zìxíngchē	모투오처 摩托车 mótuōchē
지하철	버스	택시	자전거	오토바이

67 다음 빈칸에 알맞은 것을 고르시오.

你先在这儿 ________，他马上就来。

A. 一会儿等　　B. 等一会儿

C. 等一点儿　　D. 一点儿等

당신은 먼저 여기서 기다리세요. 그가 곧 올 것입니다.

我 주어	学过 술어	一年 시간량	汉语 목적어

我学过一年汉语。 ≒ 我学过一年的汉语。

(주어)	等 술어	她 목적어	一会儿 시간량

再说吧!

等一会儿 ＞ 等一等 ＞ 等一下

(시간의 차이)

'等一会儿'은 '等一下'보다 약간 긴 시간을 나타내며 '等一等'은 양자의 중간이다

마쌍 马上 mǎshàng	리커 立刻 lìkè
시간이 임박하다	(상대적으로) 시간이 아주 임박하다
(부사) 곧, 즉시(~하게 된다)	

68 다음 빈칸에 알맞은 것을 고르시오.

> 你叫你的朋友在这里 ______ 吧。
>
> A. 看书一会儿　　B. 看一会儿书
> C. 书看看一点儿　　D. 一会儿看书
>
> 당신의 친구에게 여기서 잠시 공부하라고 하세요.

이후얼 一会儿 yīhuìr	동사 + 一会儿	一会儿 + 동사
잠시, 잠깐 동안, 짧은 시간	짧은 시간 동안 ~하다	조금 후에 ~하다

짧은 시간	시간이 짧음을 강조		
一会儿	不一会儿	没一会儿	不多一会儿
	얼마 지나지 않아, 잠시 후에		

一点(儿) < 一些	一会儿 < 一下(子)
좀, 약간	

69 다음 빈칸에 알맞은 것을 고르시오.

> 我们最近联系不是太多, ____ 互相发个E-MAIL。
>
> A. 偶尔　B. 往往　C. 时常　D. 经常
>
> 우리는 최근 연락을 그리 많이 하지 못하고, 가끔 서로 이메일을 보낸다.

오우얼 偶尔 ǒu'ěr 간혹	오우란 偶然 ǒurán 우연하게
어떤 동작이나 행동이 간혹 일어나며 그 횟수가 적음을 나타낸다	어떤 동작이나 행동의 발생이 필연적이 아닌 우연적임을 나타낸다
↕	↕
经常	必然

왕왕 wǎngwǎng 往往	징창 jīngcháng 经常	창창 chángcháng 常常	스창 shícháng 时常
규칙적이면서 필연적으로 반복 되는 일	자주 일어나는 일 일관성이 있다	발생 횟수가 많음 '经常'만큼 일관적이지 않다	'经常' '常常'보다 빈도수가 적다

인터넷 관련 용어

띠엔즈한찌엔 电子函件 diànzǐ hánjiàn	인터왕 因特网 yīntèwǎng	왕짠 网站 wǎngzhàn	왕이에 网页 wǎngyè	왕즈 网址 wǎngzhǐ	융후밍 用户名 yònghù míng	덩루 登录 dēnglù
E-mail	인터넷	웹사이트	홈페이지	사이트주소	아이디	로그인

70 다음 문장에서 알맞은 것을 고르시오.

> 他<u>不时</u>在儿子面前说起这事。
>
> A. 有时候　　B. 有一次　　C. 从来没　　D. 经常
>
> 그는 종종 아들 앞에서 이 일을 이야기한다.

자주, 언제나, 항상			
不时	时不时	时时	经常

뿌스 不时 bùshí	오우얼 偶尔 ǒu'ěr	요우스 有时 yǒushí	징창 经常 jīngcháng	스창 时常 shícháng
때때로 종종	이따끔	때때로, 때로는	자주	늘

치엔미엔 前面 qiánmiàn	미엔치엔 面前 miànqián
위치 순서를 강조하며 사람 사물에 모두 쓸 수 있다	주로 마주보고 있는 사람에게 쓰며 추상적인 사물에 사용하는 경우도 있다

71 다음 빈칸에 알맞은 것을 고르시오.

他 ____ 帮助你，没什么别的想法。

A. 都想　　B. 只想　　C. 想都　　D. 想只

그는 당신을 도와주려 할 뿐이지 다른 뜻은 없어요.

범위부사

한정된 범위	전체 범위
只 仅仅	都 总 统统 一共 全都

<table>
<tr><th>메이선머 没什么 méishénme</th><th colspan="2">메이쓰얼 没事儿 méishìr</th></tr>
<tr><td rowspan="2">별 것 아니다, 괜찮다</td><td>没关系
괜찮다</td><td>没有事情
(볼) 일이 없다</td></tr>
<tr><td colspan="2">不要紧/不成问题</td></tr>
</table>

방쭈 帮助 bāngzhù	방망 帮忙 bāngmáng
我需要你的帮助。 나는 너의 도움이 필요하다. 你可以帮助我吗? 너는 나를 도울 수 있니?	有什么需要帮忙的吗? 도와줄 일이 있나요?

72 다음 문장에서 알맞은 곳을 고르시오.

他 A 知道了 B 这件事， C 是不会 D 放过你的。 一旦 그가 일단 이 일을 알게 되면 너를 가만히 두지 않을 거야.

"이딴 一旦 yìdān"은 아직 일어나지 않은 가정의 상황을 나타낸다.

미래의 표현

야오(要)~러(了)	후이(会)~더(的)	가이(该)~러(了)	커넝(可能)
곧 ~것 같다 곧 ~하려고 하다	~할 것이다 ~할 것이다	필시 ~일 것이다	아마도 (~일 것이다)

73 다음 빈칸에 알맞은 것을 고르시오.

我对中国的生活很 ____ 了。 A. 适合　　B. 适应　　C. 合适　　D. 适用 나는 중국 생활에 적응했다.

뚜이 对 duì		
전치사	형용사	동사
~에 대하여	맞다	대하다

허쓰 合适 héshì	쓰허 适合 shìhé
(형용사) 목적어 가질 수 없다	(동사) 목적어 가질 수 있다
'어울리다' '적합하다' 주로 술어로 쓰인다	실제 상황이나 객관적 요구에 '부합하다' '~하기에 적합하다' 명사와 결합한다

H.S.K.(어법) 문제 정답

01. C	02. C	03. D	04. A	05. A	06. B	07. C	08. D	09. A	10. A
11. D	12. A	13. B	14. A	15. A	16. B	17. A	18. D	19. D	20. C
21. D	22. B	23. D	24. D	25. C	26. B	27. A	28. D	29. D	30. B
31. B	32. D	33. A	34. A	35. A	36. A	37. C	38. A	39. C	40. C
41. A	42. B	43. D	44. A	45. A	46. B	47. D	48. B	49. B	50. D
51. D	52. C	53. C	54. B	55. B	56. D	57. A	58. A	59. B	60. B
61. C	62. D	63. B	64. A	65. B	66. D	67. B	68. B	69. A	70. D
71. B	72. A	73. B							

참고서적

1. 공재석・이재돈,『중국어학개론』, 서울 : 한국방송통신대학, 1988.7.(재판)
2. 김상근 편,『중어학기초』, 서울 : 중앙대학출판부, 1993.1.
3. 한용수,『중국어학개론』, 서울 : 선학사, 2004.9.
4. 구교현,『현대중국어학개론』, 서울 : 북타운, 2007.5.
5. 정윤철 편,『현대중국언어학개론』, 서울 : 소통, 2008.5.
6. 이재돈,『중국어 음운학』, 서울 : 살림, 1994.11.
7. 김태경,『쉽게 배우는 중국어 음운학』, 서울 : 학고방, 2005.8.
8. 홍인표,『중국의 언어정책』, 파주 : 한국학술정보, 2008.6.
9. 허벽,『중국어법학사』, 서울 : 삼련서점, 1993.6.
10. 이돈주,『중국고대문화』, 서울 : 태학사, 2006.2.
11. 제리 노먼 저, 전광진 역,『중국언어학총론』, 서울 : 동문선, 1996.9.
12. 刘承华 编著,『实用现代汉语知识』, 北京 : 中华书局, 1992.8.
13. 王希杰 主编,『言语学百题』, 上海 : 上海教育出版社, 1991.10.(修订本)
14. 陈昌来 主编,『对外汉语教学概论』, 上海 : 复旦大学出版社, 2005.4.
15. 济沪扬 主编,『对外汉语教学语法』, 上海 : 复旦大学出版社, 2005.9.
16. 丁迪蒙,『对外汉语的课堂教学技巧』, 上海 : 学林出版社, 2006.6.
17. 赵诚 编著,『甲骨文简明词典－卜辞分类读本』, 北京 : 中华书局, 1988.1.
18. 蒋善国,『汉字学』, 上海 : 上海教育出版社, 1987.8.
19. 詹鄞鑫,『汉字略说』, 沈阳 : 辽宁教育出版社, 1991.12.
20. 韩鉴堂 编著,『汉子文化图说』, 北京 : 北京语言大学出版社, 2005.7.
21. 刘志诚,『汉字与华夏文化』, 成都 : 巴蜀书社, 1995.5.
22. 叶朗 외,『中国文化导读』, 香港 : 香港城市大学出版社(제2판), 2002.

| 저자약력 |

이 국 희(李國熙)

영남대학교 중어중문학과 졸업
대만 중국문화대학 중문연구소 석사
대만 중국문화대학 중문연구소 박사
세명대학교 중국어학과 교수

저서

『庾信後期文學中「鄉關之思」研究』(台北, 1994)
『중국문학개론(도표로 이해하는)』(2003)
『중국문화사(도표로 이해하는)』(2005)
『생활중국어회화』(공저)(2006)
『중국어기본구문(도표로 이해하는)』(2007)
『중국고전산문의 이해』(공저)(2008)
『중국현대시』(편저)(2009)

중국어 학습자를 위한
중국어학기초

값11,000원

2009년 2월 19일 초판발행
2013년 2월 28일 초판3쇄

저 자 이 국 희
발행인 成 珍 慶
발행처 **새문사**
등록번호 제1-273호(1977.9.19)

· 마포구 용강동 494-80
전화 (02)715-7232(代), 717-7235
FAX : (02)715-7235
E-mail : sinlon@saemoon.co.kr
website : www.saemoonbook.com
ISBN : 89-7411-234-5 93720